J'AI MAL À MES ANCÊTRES !

Patrice van Eersel
Catherine Maillard

J'AI MAL À MES ANCÊTRES !

La psychogénéalogie aujourd'hui

Albin Michel

Collection Entretiens/Clés
dirigée par Patrice van Eersel

À Charles, dont je porte le nom
et que cette enquête m'a donné
le désir d'arracher à la nuit.

P.V.E.

À Claude, Louise, Frédéric
et à tous mes ancêtres bien-aimés.
À mon futur mari.

C.M.

22, rue Huyghens, 75014 Paris

www.albin-michel.fr

ISBN 2-226-13557-X
ISSN 1275-4714

Avant-propos

L'irrésistible essor de la psychogénéalogie

L'idée que nos destinées puissent être concrètement déterminées par l'histoire psychologique des générations antérieures est extrêmement ancienne. Les toutes premières thérapies inventées par l'homme en attestent. Les médecines chinoise ou africaine, par exemple, à la différence de la médecine occidentale, envisagent la maladie dans son contexte familial et généalogique. Pourquoi ai-je une hépatite ? À cause d'un microbe et d'une nourriture avariée, répond le médecin occidental. Les guérisseurs chinois ou yoruba fournissent, eux, des explications qui rétablissent l'ordre du monde, soit qu'un démon nous veuille du mal (et qu'il faille lui offrir un animal en sacrifice), soit que nous ayons troublé l'ordre cosmique, notamment en occupant une place qui n'est pas la nôtre et en oubliant d'honorer nos ancêtres. Le guérisseur sait une chose que le médecin ignore : la loi généalogique et le rapport aux ancêtres définissent pour une large part les liens, les droits, les devoirs et les identités qui structurent l'être humain — dans sa culture et dans sa biographie. Le guérisseur sait aussi les mots et les rituels qui permettront de conjurer l'apparition, le fantôme (ancêtre disgracié ou qui a déshonoré sa famille), synonyme de désordre inconscient transmissible de génération en génération.

Mais voilà que survient une nouveauté en Occident : le psychogénéalogiste. Un thérapeute qui, sans rien perdre des découvertes de la modernité, notamment quant à la singularité de l'individu, retrouve les liens contextuels et transgénérationnels auxquels sa culture était devenue sourde. Que fait-il ? Il focalise lui aussi sur cette portion de notre histoire qui ne nous appartient pas : « Si tu as cette bronchite chronique, c'est peut-être parce que ton arrière-grand-père a été asphyxié dans une tranchée et qu'on te l'a caché, parce qu'à son retour de la guerre, ta grand-mère n'a plus voulu de lui... » Exemple plus spectaculaire : un homme éprouve des maux de gorge constants, provoquant une détérioration de la circulation sanguine dans ses extrémités. Nul remède ne parvient à le soigner. Jusqu'au jour où il découvre, en thérapie transgénéalogique, qu'un ancêtre lointain, né le même jour que lui, est mort guillotiné pendant la Révolution. À partir de cette découverte, les maux de gorge et leurs fâcheux effets circulatoires disparaissent comme par enchantement. Comment un fait du passé, heureux ou malheureux, peut-il, par ignorance ou sous le poids d'un « secret de famille », avoir de telles conséquences quelques générations plus tard ?

Certaines personnes cherchent à échapper à leur famille par la fuite pure et simple, parce que celle-ci leur semble représenter un danger mortel. Comme si l'histoire de leur lignée menaçait de les tuer. Le danger n'est pas forcément fantasmatique. Mais la fuite ne sert à rien. Où que puisse vous mener votre évasion, votre histoire familiale vous suivra, et vous ramènera constamment vers votre passé, vous conduisant à répéter éternellement les mêmes scénarios, du moins tant que vous n'aurez pas décidé d'agir, pour désamorcer vos ancrages transgénéalogiques négatifs.

Reconstituer son arbre peut commencer simplement. Comme l'explique le site *psychogéné.com* : « D'une façon générale, pour travailler sur son histoire familiale, il n'est pas nécessaire d'avoir fait des recherches généalogiques. Chacun vient avec ce qu'il a. Le peu d'informations recueillies suffit pour situer ce qui est présent et pour débuter ce travail. Dans la plupart des cas, d'autres renseignements arriveront, parfois d'une façon surprenante, inopinée. Ce qui est important, c'est de comprendre qu'à partir du moment où l'on entreprend une démarche en psychogénéalogie, on active une mémoire qui traverse le temps, les époques, les événements et peut surgir dans un souvenir jusqu'à ce que la conscience lui donne un sens. »

D'une certaine façon, le psychogénéalogiste emprunte moins aux connaissances de la psychopathologie occidentale qu'à l'efficacité « sorcière » des plus anciennes médecines...

Sa correspondance nous dit que Sigmund Freud n'ignorait rien de l'importance des ancêtres dans la constitution des psychosomatismes individuels et collectifs : chacun de nous n'est pas seulement déterminé par le triangle papa-maman-bébé, mais par toute une cascade d'influences venues de notre arbre généalogique entier. Le découvreur de l'inconscient avait eu l'intuition d'une transmission généalogique de la névrose. Il savait l'importance que jouent, par exemple, les grands-parents dans la vie d'un enfant (directement ou indirectement, en bien ou en mal, par excès ou par défaut). Il avait même imaginé une histoire selon laquelle, à l'origine de l'humanité, il y aurait eu une horde avec un père primitif effrayant, dont les enfants se seraient ligués pour le tuer. Et nous garderions tous en nous le souvenir de ce parricide premier. Freud suggérait par cette parabole que, d'une génération à l'autre, le lien ne pouvait être gommé.

Mais Freud ne poussa pas plus loin l'exploration du phénomène transgénérationnel. Son long et dur combat pour défendre l'origine sexuelle des névroses lui aurait-il fait négliger cette dimension fondamentale du mécanisme humain qu'est la fidélité inconsciente du sujet au vécu de ses ancêtres ? C'est ce que suggèrent aujourd'hui certains psychanalystes pour qui, Freud ne pouvant pas « tout faire », c'est très consciemment qu'il aurait décidé de se consacrer exclusivement au triangle œdipien, laissant de côté le reste de l'ascendance, en se disant que d'autres, après lui, mèneraient les recherches indispensables du côté des ancêtres. En réalité, il semblerait bien que la propre généalogie de Sigmund Freud et quelques pesants secrets de famille l'aient inconsciemment détourné de toute vraie recherche transgénéalogique. La suite est tristement banale : on le sait, les disciples figent toujours la pensée des maîtres ; après Freud, le complexe œdipien est devenu un dogme jaloux, et les ancêtres négligés ont été frappés d'ostracisme.

Il a fallu attendre près de cent ans pour que leur importance cruciale soit reconnue par les « psy ». Au début du XXIe siècle, cette reconnaissance prend l'allure d'un véritable mouvement : sur le thème « où que vous soyez, vous trimballez toujours votre famille d'origine avec vous, bénissez-la mais libérez-vous ! », la *psychogénéalogie* — ou, plus généralement, l'approche transgénéalogique — émerge un peu partout, dans de très nombreuses pratiques et écoles. Aujourd'hui, ce chantier-là résonne tout autour de nous. Est-ce seulement parce que, comme le dit Steve Lacy, créateur du site *Genealogy Gateway To The Web*, « dans une société qui perd ses valeurs traditionnelles et se trouve bouleversée par la désintégration de la cellule familiale, les gens cherchent à renouer avec leurs racines » ? Le phénomène est sans doute plus profond et touche véritablement un « retour des ancêtres » dans la civilisation occidentale. Retour à une dimension incontestablement thérapeutique. Des centaines de « psy » reconnaissent désormais l'importance de la filiation, et surtout des ratés de celle-ci, non-dits, secrets de famille et autres *grumeaux* que les générations se refilent les unes aux autres, dans des jeux de rebondissement si étonnants — à l'humour si noir ! — qu'il faut être un artiste de la relation pour savoir les débusquer.

C'est à une présentation de sept de ces « artistes transgénéalogiques » qu'est consacré le présent ouvrage sous la forme de sept entretiens avec des acteurs majeurs de ce mouvement :

— Le Dr Anne Ancelin Schützenberger, médecin hors pair, résistante anti-nazis, auteur entre autres de *Aïe mes aïeux !* où elle raconte comment elle s'est retrouvée sur la piste psychogénéalogique en butant sur d'« étranges maladies à répétitions », a introduit le concept transgénérationnel dans le grand public ;
— Alexandro Jodorowsky, homme de théâtre, scénariste, spécialiste du Tarot et inventeur d'une forme originale de psychothérapie chamanique appelée « psychomagie », s'avère avoir été l'un des tout premiers à

redécouvrir l'importance de l'arbre généalogique dans la constitution de la psyché ;

— Bert Hellinger, psychothérapeute allemand qui vécut en Afrique du Sud, reconnaît avoir été influencé par la culture zouloue dans l'invention des Constellations Familiales, méthode qui connaît actuellement un immense succès (appliquée par exemple par la psychothérapeute Christiane Singer) ;

— Didier Dumas, psychanalyste œuvrant dans la filiation de Françoise Dolto, qu'il ouvre à des dimensions non occidentales (taoïsme, chamanisme), fait une démonstration particulièrement brillante du « retour des ancêtres » dans la pensée et dans la thérapie contemporaines ;

— Chantal Rialland, ancienne élève d'Alexandro Jodorowsky, affirme que chacun peut influencer son destin en « choisissant sa famille » et enseigne concrètement à ses patients et stagiaires comment bâtir leur arbre transgénérationnel ;

— Serge Tisseron, psychothérapeute spécialiste du « secret de famille » — particulièrement connu pour son étude du « roman familial » du personnage de Tintin —, focalise son attention sur les non-dits qui, de génération en génération, deviennent pathologiques ;

— Enfin Vincent de Gaulejac, psychosociologue spécialiste de la « névrose de classe », démontre de quelle façon les arbres généalogiques se regroupent par grandes familles sociales.

Bonnes rencontres, bonne lecture et belles retrouvailles avec vos propres ancêtres !

1.

Empreinte de nos ancêtres : Recherches en psychogénéalogie clinique

RENCONTRE AVEC ANNE ANCELIN SCHÜTZENBERGER [1]

À la fois théoricienne et femme de terrain, ancienne résistante, professeur des universités, ouverte à toutes les innovations, psychothérapeute de formation psychanalytique, groupe-analyste — l'une des premières thérapeutes à avoir utilisé le psychodrame de Moreno en France — et professeur émérite de psychologie à l'université de Nice, dont elle a dirigé pendant plus de vingt ans le Laboratoire de psychologie sociale et clinique, Anne Ancelin Schützenberger, ayant travaillé jadis avec Robert Gessain, Jacques Lacan et Françoise Dolto, Carl Rogers, J.L. Moreno, Margaret Mead et Gregory Bateson, l'École de Palo Alto et celle de la *Dynamique des groupes* de Kurt Lewin, est devenue célèbre dans le monde entier quand, la seconde moitié de sa vie déjà entamée, elle a publié un livre qui allait devenir un best-seller : *Aïe mes aïeux* ! (traduit dans le monde entier). Pour beaucoup d'universitaires et de psychothérapeutes, elle est celle qui a introduit la dimension *transgénérationnelle* (que certains appellent *trans-* ou *psychogénéalogique*) dans leur pratique, par un biais précis : le « syndrome d'anniversaire ».

1. Cet entretien est déjà paru dans le magazine *Nouvelles Clés*, nº 18 (été 1998). Il a été relu et augmenté par Anne Ancelin Schützenberger en septembre 2002.

C'est par une conversation avec cette grande dame qu'il nous a semblé le plus logique d'ouvrir cette série d'entretiens.

La *psychogénéalogie* comprend de nombreuses théories, pratiques et écoles de pensée. Mais elle est aussi devenue un terme populaire, quasiment un nom commun « fourre-tout ». C'est incontestablement au Pr Anne Ancelin Schützenberger que l'on doit le coup d'envoi de cette approche, notamment en France, dans les années quatre-vingt. Travaillant depuis longtemps auprès de malades atteints d'un cancer – entre autres avec l'aide de la version clinique de la méthode Simonton, laquelle s'appuyant à la fois sur la médecine classique et sur un suivi psychothérapeutique, permet de renforcer l'envie de vivre et le système immunitaire par des visualisations positives –, elle a commencé par découvrir dans leurs biographies d'étonnants phénomènes de répétition, avec identification à des personnes aimées disparues. Ainsi a-t-elle été conduite à inventer la méthode du « génosociogramme » — une sorte d'arbre généalogique très particulier, privilégiant des faits frappants et des événements chocs, en bien ou en mal : maladies, naissances, accidents, morts précoces ou injustes, mariages, départs au loin, etc., mettant en évidence, par une présentation graphique d'ensemble de toute la famille, au sens large du terme, sur une demi-douzaine de générations, les liens affectifs majeurs, positifs négatifs, ou oubliés, niés au point d'en devenir des « impensés généalogiques ».

« Nous sommes moins libres que nous ne le croyons, dit Anne Ancelin Schützenberger, mais nous avons la possibilité de conquérir notre liberté et de sortir du destin familial répétitif de notre histoire en comprenant les liens complexes qui se sont tissés dans notre famille et en éclairant les drames secrets, les non-dits et deuils inachevés... »

Sa méthode ? La « thérapie transgénérationnelle psychogénéalogique contextuelle clinique », dont la mission première est de traquer nos « loyautés invisibles » et nos identifications inconscientes répétitives (bonnes ou tragiques), qui nous obligent à « payer des dettes » à nos ancêtres, que nous le voulions ou non, que nous le sachions ou pas, et à répéter les « taches interrompues » tant qu'elles ne sont pas « closes ». Comme elle l'écrit dans *Aïe, mes Aïeux !* : « Notre vie à chacun est un roman. Vous, moi, nous vivons prisonniers d'une invisible toile d'araignée dont nous sommes aussi l'un des maîtres d'œuvre. Si nous apprenions à notre troisième oreille, à notre troisième œil, à saisir, à mieux comprendre, à entendre, à voir ces répétitions et ces coïncidences, l'existence de chacun deviendrait plus claire, plus sensible à ce que nous sommes, à ce que nous devrions être. Ne pouvons-nous échapper à ces fils invisibles, à ces "triangulations", à ces répétitions ? »

Vous êtes psychothérapeute et analyste, mais quand vous recevez un patient, vous vous intéressez fort peu à son histoire individuelle, ou du moins la placez-vous dans un contexte plus large, demandant au sujet qu'il vous informe sur la vie de ses ancêtres. Vous lui faites en particulier écrire au stylo des dates. Comment en êtes-vous arrivée à bouleverser ainsi le déroulement de la cure ?

Anne Ancelin Schützenberger : Disons d'abord pour clarifier les idées reçues, que ce n'est pas une « cure » en soi, mais un approfondissement et un élargissement de la vision, qui accompagne ou précède une thérapie, une crise ou maladie grave, une recherche d'identité ou de développement personnel ou un changement de vie. Dans les années soixante-dix, j'allais accompagner et suivre à domicile, à Paris, sur sa demande, une jeune Suédoise de trente-cinq ans qui se savait condamnée par un cancer terminal et ne voulait pas mourir « découpée en tranches comme un saucisson » et avait appelé au secours. Les médecins venaient de lui amputer à nouveau, pour la quatrième fois, une partie du pied et ils s'apprêtaient, impuissants, à amputer encore plus haut. Puisque j'avais une formation psychanalytique freudienne, je demandai à cette jeune femme de laisser aller son esprit et de me parler librement de tout ce qui lui passait par la tête, par associations d'idées. Comme vous le savez, une analyse est longue, parfois très longue, et cet exercice aurait pu se dérouler sur dix ans. Mais il n'y avait pas de temps à perdre : c'était une course contre la mort. Il se trouve que, chez elle, trônait le portrait d'une très belle jeune femme sur le mur du salon. Ma patiente m'apprit qu'il s'agissait de sa mère, morte du cancer à l'âge de trente-cinq ans. Je lui demandai alors son âge. « Trente-cinq ans », me dit-elle. Je fis : « Ah ? » Elle fit : « Oh ! » J'eus soudain l'impression que cette femme s'était à ce point identifiée inconsciemment à sa mère qu'elle s'était comme « programmée » pour suivre et répéter son destin tragique... À partir de là, tout a changé, pour elle comme pour moi.

En dehors de la coïncidence d'âge, c'est-à-dire du hasard, qu'est-ce qui vous empêchait de penser cette maladie comme une affaire de transmission génétique ?

A. A. S. : C'est difficile de vous répondre. D'une part, on m'avait enseigné que le cancer du sein n'est pas une maladie génétiquement héréditaire ; d'autre part, pourquoi précisément au même âge ? C'est la difficulté qu'il y a, pour tout ce qui touche à l'inconscient, d'invoquer le hasard comme cause. Quant à la génétique, elle pouvait difficilement faire à ce point coïncider les dates (précisons que mon mari était à la fois médecin, généticien, mathématicien et statisticien, et que je baignais du point de vue de l'observation clinique dans un bain plutôt rigoureux). D'autant que cette histoire m'en rappela aussitôt une autre...

Un jour en effet, ma fille m'avait dit : « Tu te rends compte, maman, tu es l'aînée de deux enfants, dont le second est mort ; papa est l'aîné de deux enfants, dont le second est mort ; je suis l'aînée de deux enfants, dont le second est mort. » Cela avait été un premier choc. Cette fois, je me mis en tête de vérifier avec d'autres patients mon intuition à propos de cette femme. Je leur demandai donc à tous de construire avec moi leur arbre généalogique très complet, et si possible, d'indiquer sous le nom de tous leurs parents, grands-parents, grands-parents des grands-parents, oncles et cousins... les moments clés de l'histoire familiale : tuberculose du grand-père, mariage ou remariage de la maman, accident de voiture du papa, déménagements et déracinements successifs, changements de classe, faillites économiques, fortunes, participations à des guerres, morts prématurées, alcoolisme, séjour en hôpital psychiatrique, ou en prison, sans oublier, classiquement diplômes universitaires et professions. Je demandai aussi d'inscrire, si possible, les âges et dates auxquels ces événements s'étaient produits. Ces arbres généalogiques étendus (baptisés « génosociogrammes ») révélèrent des répétitions stupéfiantes : une famille où les femmes, leucémiques, mouraient sur trois générations au mois de mai ; une succession de cinq générations où les femmes devenaient boulimiques à l'âge de treize ans ; une lignée où les hommes étaient systématiquement victimes d'un accident de voiture le jour de la première rentrée scolaire de leur premier enfant, etc. Vous conviendrez qu'il serait osé de voir l'ouvrage du hasard dans des familles où l'on retrouve, à chaque génération, les mêmes dates de naissance, le même nombre de mariages chez les hommes, ou chez les femmes, le même nombre d'enfants illégitimes ou naturels, de mort-nés, de morts tragiques précoces... et toujours au même âge ! Quant à l'hérédité génétique, croyez-vous qu'un accident de voiture soit transmissible par l'ADN ? Quelque-chose d'autre devait jouer, c'était évident, tant la fréquence et la visibilité des répétitions sautaient aux yeux, une fois qu'on y prêtait attention.

Comment s'expliquer de telles répétitions ? Pourquoi répétons-nous des choses vécues par nos parents ou nos ancêtres ?

A. A. S. : Répéter les mêmes faits, les dates ou les âges qui ont fait le *roman familial* de notre lignée est une manière pour nous d'être fidèles à nos parents, grands-parents et ancêtres, et donc à leurs faits, gestes et tragédies, une façon de poursuivre la tradition familiale et de vivre en conformité avec elle. C'est cette loyauté qui pousse un étudiant à rater l'examen que son père n'a jamais réussi à passer, dans le désir inconscient de ne pas s'élever socialement au-dessus de lui. Ou à rester luthier de père en fils, notaire, boulanger, ou médecin. Ou, pour les femmes d'une même lignée, à se marier à dix-huit ans pour donner naissance à trois enfants, et si possible à des filles... ou des fils seulement. Parfois, cette « loyauté invisible » dépasse les bornes du vraisemblable – et pourtant c'est arrivé : vous connaissez l'histoire de la mort de l'acteur Brandon Lee ? Il a été tué au cours d'un tournage parce qu'on avait malencontreusement oublié une balle dans un revolver censé être chargé à blanc. Or, vingt ans tout juste avant cet accident, son père, le célèbre Bruce Lee, était mort en plein tournage, d'une hémorragie cérébrale, au cours d'une scène où il devait jouer le rôle d'un personnage tué accidentellement par un revolver qui aurait dû être chargé à blanc...

Nous sommes littéralement portés par une puissante et inconsciente fidélité à notre histoire familiale, et nous avons un mal fou à inventer quelque chose de nouveau dans la vie ! Dans certaines familles, on voit le syndrome anniversaire se répéter – sous forme de maladies, de morts, de fausses couches ou d'accidents – sur trois, quatre, cinq, parfois huit générations !

Mais il y a une raison plus obscure pour laquelle nous répétons les maladies, ainsi que les accidents de nos ancêtres. Prenez n'importe quel arbre généalogique et vous verrez qu'il est rempli de morts violentes et d'adultères, d'anecdotes secrètes, d'enfants bâtards et d'alcooliques. Ce sont des choses que l'on cache, des plaies secrètes que l'on ne veut pas montrer. Or, que se passe-t-il quand, par honte, ou par esprit de convenance, ou pour « protéger » nos enfants ou notre famille, nous ne *disons* pas l'inceste, la mort suspecte, les faillites du grand-père ? Le silence qui se fera sur l'oncle alcoolique créera une zone d'ombre dans la mémoire d'un fils de la famille qui, pour combler le manque et lever les lacunes, répétera dans son corps ou dans son existence le drame qu'on tente de lui cacher. En un mot, il sera alcoolique comme tonton. Freud disait déjà que « ce qui ne s'exprime pas par des mots, s'exprime par les doigts » (je cite de mémoire). Je pense, comme je l'ai écrit dans mon livre : « Ce qui est tu par les mots s'imprime, se répète et s'exprime par les maux. »

Mais cette répétition suppose que ce garçon sache quelque chose de cette honte familiale et qu'il ait entendu des mots sur l'oncle disgracié... n'est-ce pas ?

A. A. S. : Bien sûr que non ! Parler n'est pas nécessaire pour s'exprimer : les études sur la communication non verbale et le « langage du corps » démontrent qu'on s'exprime par le langage, mais aussi par tout son corps, ses gestes, son ton de voix, sa respiration, son attitude, son style de vêtements, ses silences, l'évitement de certains sujets... La honte comme le secret n'ont nul besoin d'être évoquéspour passer la barrière des générations et venir troubler un maillon de la famille – maillon fort ou faible, ou se vivant comme « délégué » par la famille, ou programmé par elle, ou encore agissant par loyauté familiale, par sur-identification.

Je vais vous donner l'exemple d'une enfant de quatre ans qui, dans ses cauchemars, se voit persécutée par un monstre. Elle se réveille la nuit en toussant, hurlant et étouffant, et, tous les ans, à la même date, sa toux dégénère en grosse crise d'asthme. Je demande quand elle est née. « Dans la nuit du 25 au 26 avril », me dit la mère. Je connais les dates de notre histoire de France et je sais, de par les recherches menées sur mes clients, que beaucoup de traumatismes familiaux trouvent leur origine dans les persécutions, parfois très anciennes, ou sont liés aux morts tragiques sur les champs de bataille.

Du 22 au 25 avril 1915, les troupes allemandes ont

lancé pour la première fois des gaz de combat sur les lignes françaises. À Ypres, des milliers de poilus ont péri gazés, asphyxiés. Je demande à la mère de rechercher les mots Ypres et Verdun sur son génosociogramme. Elle trouve : le frère du grand-père était de ces soldats gazés... dans la nuit du 25 au 26 avril 1915 ! Je demande à la petite fille de dessiner le monstre qu'elle voit dans ses cauchemars. Elle crayonne ce qu'elle appelle « un masque de plongée avec une trompe d'éléphant ». C'était un masque à gaz de la guerre de 1914-1918, reconnaissable par nous tous !

Elle n'avait pourtant jamais vu de masque à gaz et l'on ne lui avait jamais tenu le moindre propos sur le choc subi par le grand-oncle, ni sur les conséquences des gaz de combat (l'ypérite). Ces faits ont été vérifiés dans les archives du ministère de la Guerre : le grand-oncle avait été courageux et médaillé... Eh bien, malgré tout ce non-dit, l'information a pu passer : l'enfant toussait et crachait, perdait le souffle et s'angoissait comme le malheureux poilu dans sa tranchée, avec un paroxysme à heure fixe (vers minuit). Tout ceci jusqu'au jour où elle a fait son dessin...

Comment cela a pu passer et franchir les générations ? Comment cela s'est-il transmis ? Peut-être par le co-inconscient familial et groupal, peut-être par les « ondes morphogéniques » dont parle Rupert Sheldrake. Peut-être par un évitement dans le discours familial – « on ne parle plus de ce qui a tant fait souffrir ». Le souvenir de la mort tragique et du mort mal enterré a créé chez son frère (le grand-père de la fillette) et la fille de ce dernier (sa mère) une zone d'ombre dans laquelle la douleur s'est enfouie, comme dans une « crypte ».

Hypothèse : tout au long de sa vie, il y aura eu des lacunes dans le discours de cet homme et de sa fille ; toutes les fois que celle-ci aura trouvé l'occasion de penser à la mort brutale de son parent (une photo de famille, une image de guerre à la télévision), elle aura manifesté un trouble s'exprimant sans doute davantage dans le regard, la voix ou les attitudes que par le contenu des propos qui auront pu être échangés. Elle aura évité de regarder un film de guerre. Elle aura dit du mal des « Boches ». Elle aura eu peur du gaz, de la cuisinière...

Donc, de tels évitements peuvent transmettre une information « en creux ». Mais peuvent-ils atteindre un tel degré de précision qu'ils parviendront à graver l'image photographique d'un masque à gaz dans les cauchemars de la fillette ?

A. A. S. : Nous sommes maintenant des dizaines à avoir constaté ceci dans notre clientèle, en France, en Europe, en Amérique de Nord et du Sud, en Afrique, au Moyen-Orient. Tout se passe comme si, en effet, il pouvait y avoir chez des descendants une forme de mémoire photographique ou cinématographique, avec sons, couleurs, images, odeurs, température. Les gens se réveillent glacés, tremblant et suant d'angoisse, recroquevillés, se sentant enfermés dans un camp, sur une paillasse putride ou dans une tranchée de guerre.. alors qu'ils sont bien au chaud dans leur lit et n'ont jamais rien vu ni vécu de pareil.

Pourtant, je ne pense pas que cela se soit produit dans le cas de cette mère et de son enfant. Je crois plutôt que nous avons affaire, ici, à une communication directe d'inconscient à inconscient, ce que Moreno appelle le *co-inconscient familial et groupal.*

Voulez-vous dire que les images, ou les secrets de famille, passent d'une génération à l'autre par une sorte de télépathie ?

A. A. S. : Non. Par l'unité duelle mère-enfant. Et aussi peut-être par une « *mémoire transgénérationnelle* » que l'on constate mais qui reste à prouver. Je crois que, lors de sa croissance dans l'utérus, l'enfant rêve comme rêve sa mère et que toutes les images de l'inconscient maternel et du co-inconscient familial peuvent impressionner la mémoire de l'enfant qui va naître. Cette hypothèse, hélas, n'a encore donné lieu à aucune exploration scientifique sérieuse. Il y va pourtant de nos santés à tous !

Toutefois il faut ajouter que, depuis 1998, certains commencent à parler de « mémoire cellulaire » et que des recherches scientifiques, médicales et biologiques sont menées, en particulier à l'INSERM, sur le noyau de la cellule et sur une éventuelle « mémoire affective »... Mais avant de conclure, attendons des résultats prouvés, dans les années 2005 ou 2010 !

La fidélité à nos ancêtres nous gouvernerait... Notre inconscient nous pousserait à les honorer, se donnant pour cela des moyens surprenants : provoquant un cancer ou nous envoyant sous les roues d'une voiture ! Peut-on expliciter cela en termes médicaux ?

A. A. S. : Précisons mieux ma pensée et celle de certains de mes confrères. Je n'ai jamais dit qu'il s'agissait d'« honorer nos ancêtres » – la phrase n'est pas de moi. Il ne s'agit pas de cela, mais de répétitions de tâches interrompues, inachevées, de deuils non faits après des traumatismes insupportables, ingérables, indigestes ou non digérés – si vous me permettez ces expressions –, qui vont nous « rester sur l'estomac » et empêcher notre deuil de s'exprimer, et provoquer ainsi dans notre descendance : un massacre de masse, un déracinement, la perte d'une maison ou d'une terre, une injustice... C'est la constatation qu'une élève de Kurt Lewin, Bluma Zeigarnick, a présentée dans sa thèse de doctorat, *Psychologie de la Gestalt*, en 1928, sur les « tâches interrompues » que l'on ressasse parfois sa vie durant – ce qu'on appelle en psychologie « l'effet Zeigarnick » et que j'applique aux deuils non faits des drames passés pour aider mes patients à les revivre et à les dépasser.

Il ne s'agit pas de vraies malédictions – ou si rarement, dans certains moments historiques cruciaux, comme dans le cas de la malédiction des rois de France par le chef des Templiers, Jacques de Molay, sur son bûcher, le 18 mars 1314. Mais la « malédiction des Kennedy » n'est qu'un mythe, bien que l'on retrouve une loyauté familiale inconsciente dans la répétition de certaines dates, comme le 22 novembre, apparu une première fois dans ce génosociogramme en 1858, date de la mort du père du grand-père du président John F. Kennedy, et une seconde fois en 1963, date de l'assassinat de ce dernier, qui avait décidé d'aller quand même à Dallas ce jour-là, malgré de nombreuses mises en garde, et de ne pas mettre le toit couvrant de sa voiture, comme s'il avait « oublié » la date... mais pas le « devoir de mourir » !

En vérité, cette forme de répétition morbide (que certains appellent « malédiction ») relève d'un mécanisme que la médecine connaît de mieux en mieux. Toute mort ou idée de mort entraîne chez l'homme une dépression. Perdre sa maison ou son emploi suppose aussi le pouvoir et la nécessité d'en faire son deuil. Une fois passée la révolte contre l'inacceptable, la tristesse du deuil provoque une diminution de l'immunologie. Un très grand nombre de personnes « décident » alors, mais tout à fait inconsciemment, qu'elles vont mourir à un âge précis : « Ma mère est morte à trente-cinq ans, je ne dépasserai pas cet âge-là », se dit la femme. À l'âge dit, elle tombe dans une déprime qui affaiblit son système immunitaire, au point de donner prise à un cancer. C'est le même mécanisme pour l'accident de voiture : quand vient la date anniversaire d'un traumatisme enfoui dans la famille, on peut se mettre à prendre des risques insensés et l'accident, évidemment, se produit. L'inconscient veille à tout cela, telle une l'horloge invisible. C'est ce que j'appelle la *fragilisation de l'année* (ou de la période) *anniversaire.*

Cela peut-il être évité ? Peut-on sortir de la répétition pour naître librement à son histoire ?

A. A. S. : Pour éviter la répétition, il faut d'abord en prendre conscience. Souvenez-vous de la jeune Suédoise. Quand je l'aidai à réaliser que, si elle succombait à son cancer, il n'y aurait plus personne pour fleurir la tombe de sa mère et que, de plus, sa chère maman aurait voulu qu'elle vive longtemps, ce fut pour elle un choc et il s'opéra un changement radical dans sa vie et sa maladie. Elle eut envie de vivre, cessa de développer des symptômes, ses métastases disparurent, elle reprit de l'énergie et du poids, récupéra son travail et une vie normale... Elle se fit mettre une jambe artificielle et commença à apprendre à skier ainsi et à conduire une voiture spécialement aménagée. Elle devint même rayonnante au point que ceux qui l'avaient soignée ne la reconnaissaient plus ! Si l'origine de la douleur, de la maladie, du mal est proche de la conscience, visualiser l'histoire de sa famille d'un seul coup d'œil, sur sept générations, c'est-à-dire la replacer dans son arbre généalogique, dans son contexte psycho-politico-économico-historique, sur une centaine d'années, et prendre brusquement connaissance de la répétition, cela peut parfois suffire à créer une émotion assez forte pour libérer le malade du poids de ses loyautés familiales inconscientes. Personnellement, rien qu'en faisant travailler quelqu'un sur sa famille, son arbre généalogique et ses secrets, je parviens souvent à mettre au jour, en deux à quatre heures, ce qu'on mettait parfois dix ans à « accoucher sur le divan » ! La réalité des faits et leur répétition saute aux yeux. On y voit plus clair quasiment aussitôt.

Mais méfions nous, avec Freud, de la catharsis non suivie de « perlaboration », (le fameux *working through*, long travail sur soi, sur ses rêves, ses associations de pensées, ses lapsus... qui fint la cure analytique). Rappelons que Freud, dans une de ses notes de bas de page[1] posait le problème des rechutes en fin de thérapie et comparait la cure à une symphonie, dont les thèmes sont développés et repris dans des registres divers, plusieurs fois, avant d'éclater juste avant la fin.

1. Cf. *Leader, la Question du genre*, Payot.

Et puis, il arrive parfois que le secret soit tellement enfoui que la prise de conscience en devient impossible. Il faut alors avoir recours à l'analyse des rêves, aux associations d'idées — en dialogue avec le thérapeute, comme chez Winnicott, inventeur du *co-dessin* – ou aux échos personnels et échanges en petit groupe de thérapie, avec remise en scène du vécu familial, comme dans le psychodrame. Le fait qu'il remette en scène la situation ancienne de façon intégrale, par le corps tout entier et non par le verbe seul, aide à revivre l'émotion de ce qui fut occulté, et permet d'enfin exprimer les sentiments réels et la tension qui a pu naître entre ce qu'on nous cache et ce que nous avons tout de même pressenti. Parler, pleurer, crier, frapper prévient la conversion du malaise psychique en symptôme somatique. Voilà pourquoi il est si important de pouvoir enfin exprimer les émotions, les vrais sentiments, sans retenue ni pudeur, les secrets, les non-dits, les traumatismes enfouis, les grandes douleurs et les deuils non faits (en psychodrame, la technique du « surplus de réalité » permet de dire au revoir aux morts avant leur mort, comme si l'on y était – ou bien après, sur leur tombe ou près de la mer qui les a engloutis sans sépulture, par exemple – et de clore enfin les tensions accumulée et d'achever la « Gestalt » jusque-là à peine esquissée.

Le XXe siècle fut celui des hécatombes. Pour la première fois dans notre histoire, des millions d'hommes ont été ensevelis — souvent sans sépulture — loin de leur terre natale et loin de leurs ancêtres. Peut-on parler ici d'un énorme malaise transgénérationnel dans notre civilisation ?

A. A. S. : Un phénomène nouveau est apparu au xxe siècle : les massacres de masse de 1914-1918 (puis des guerres civiles russe et espagnole, puis de la Seconde Guerre mondiale), avec leurs milliers de morts anonymes, leurs innombrables disparus sans sépulture, la coexistence, dans les tranchées ou dans les camps, des morts, des agonisants et des vivants, la lente agonie des blessés et des gazés... et les cauchemars des survivants et de leurs descendants. Rappelons que déjà les chirurgiens militaires de Napoléon Ier avaient remarqué et nommé, pendant la retraite de Russie, en 1812, le « syndrome de vent de boulet », pour qualifier les souffrances, cauchemars et angoisses des survivants et des témoins de la mort tragique de leurs compagnons (ce que nous retrouvons actuellement dans les cauchemars de leurs descendants, dans de nombreux pays, France, Israël, Arménie, Pologne, Israël... mais aussi Canada ou Etats-Unis).

Quand on sait qu'un mort mal enterré empêche le deuil de bien se faire dans la famille, il est facile d'imaginer qu'une hécatombe puisse générer un immense malaise de civilisation, en effet ! Je ne compte plus les enfants d'Arméniens massacrés en 1915 (plus de deux millions), de Juifs déportés dans les camps, ou de gazés de Verdun, qui souffrent de crises d'asthme, d'eczéma et de violentes migraines aux dates anniversaires du massacre, de la déportation, du drame... Je pense qu'un travail thérapeutique peut aussi être mené à l'échelle des peuples. Quand un ancêtre a souffert, il est fondamental pour sa descendance que sa douleur soit reconnue. Ainsi a-t-il été très important pour les Arméniens de voir leur génocide récemment reconnu par la communauté internationale, même cinquante ans après.

Je suis sûre que des millions d'êtres en ont été apaisés au plus profond d'eux-mêmes. Il fallait tuer le fantôme. À l'inverse, il y a une dimension dramatique dans l'oubli de certaines dates anniversaires, que ce soit celle de l'assassinat de l'archiduc autrichien François-Ferdinand, héritier de l'Empire austro-hongrois, le 28 juin 1914, à Sarajevo, qui déclencha la guerre de 1914-1918. Ou celle du « Jeudi noir », qui ouvrit la dépression de 1929, le chômage mondial, la prise de pouvoir de Hitler et la guerre de 1939-1945...

Cela dit, il n'est pas besoin de circonstances aussi dramatiques pour que le syndrome de répétition vous gâte l'existence. Parmi les quantités de gens venus me consulter parce qu'ils sont atteints de troubles psychosomatiques inexplicables, vous en avez par exemple dont le cauchemar à répétition est qu'ils ratent systématiquement leurs examens et fichent en l'air leur vie professionnelle... apparemment sans raison. Je pense à un jeune homme travailleur et intelligent, qui réussissait tout dans sa vie, sauf ses examens. Nous avons découvert ensemble que, depuis la fin du XIXe siècle, quatorze de ses cousins avaient échoué au baccalauréat ! Nous avons traqué l'origine de ce trouble, et finalement il s'est avéré que l'arrière-grand-père de ce garçon avait été renvoyé de chez lui à la veille du bachot, parce qu'il avait couché avec la bonne, qui s'était retrouvée enceinte – et comme il avait le sens des responsabilités, il était parti avec elle et l'avait épousée. Eh bien, le fils de cet homme, à son tour, avait quitté le lycée la veille du bac et son petit-fils aussi, chaque fois pour des raisons futiles. Et l'affaire s'est poursuivie sur quatre générations puisque l'arrière-petit-fils portait encore le poids de cette « faute originelle » soigneusement cachée par toute la famille... Eh bien, depuis que nous avons débusqué cette histoire et procédé à ce travail familial, tous les garçons de la lignée réussissent leurs examens !

Comment expliquer l'engouement actuel pour la thérapie transgénérationnelle ?

A. A. S. : Nous vivons une période de transformation profonde de notre milieu et de notre mode de pensée, de notre cadre de vie comme de son contexte. C'est, comme le dit Alvin Toffler, un stress collectif, une espèce de *choc du futur*, que de nombreuses personnes vivent comme angoissant. Il y a aujourd'hui tellement de données inconnues – dont la survie de notre culture, voire de notre planète ! Dans le remue-ménage général, beaucoup de thérapeutes se trouvent confrontés à des cas difficiles sur lesquels butent les théories classiques. Permettre un enracinement de la personne dans son histoire fait partie des solutions.

Dans Aïe mes aïeux ! *vous faites souvent référence au psychanalyste hongrois Ivan Boszormenyi-Nagy. Qu'a-t-il mis en évidence ?*

A. A. S. : Dans sa pratique clinique, il faisait parler ses clients de leur famille parce que, selon lui, le but de l'intervention thérapeutique était de restituer une éthique des relations transgénérationnelles. Ses concepts clés de « loyauté familiale invisible » et de « grand livre des comptes familiaux » ont beaucoup éclairé mon travail. De la loyauté des membres d'un groupe dépend l'unité de celui-ci. Cette loyauté est à mettre en rapport aussi bien avec les pensées qu'avec les motivations et les actes de chacun des membres de ce groupe. D'où un autre concept : celui de *justice familiale.* Quand la justice fait défaut, cela se traduit par de la mauvaise foi, ou par l'exploitation des membres de la famille les uns par les autres, voire par des pathologies ou des accidents répétitifs. Alors qu'en cas contraire, il y a de l'affection, des égards réciproques et les *comptes familiaux* sont tenus à jour. On peut parler d'une *balance des comptes* familiaux et d'un *grand livre des comptes* de la famille où l'on vérifie si l'on est en crédit ou en débit. Si vous laissez traîner des dettes, des obligations et des impayés de génération en génération, vous risquez de vous retrouver avec toutes sortes de problèmes – des règlements d'héritage injustes, des querelles, des ruptures « anormales »... L'un des *impayés familiaux* classiques est une mort vécue comme si injuste que le deuil ne peut se pleurer, se dire, se vivre, et que la douleur reste ouverte quasiment à jamais.

Pouvez-vous nous donner d'autres exemples de dette dans les comptes familiaux *?*

A. A. S. : La plus importante dette de la loyauté familiale est celle que chaque enfant ressent vis-à-vis de ses parents pour l'amour, la fatigue et les égards qu'il a reçus depuis sa naissance jusqu'à l'âge adulte. S'acquitter de cette dette est d'ordre transgénérationnel, c'est-à-dire que ce que nous avons reçu de nos parents, nous le rendons à nos enfants, etc. Il arrive qu'il y ait des distorsions pathogènes entre les mérites et les dettes. Prenons un exemple : il y a des familles où la fille aînée tient le rôle de mère auprès des autres enfants, et parfois de sa propre mère. C'est ce qu'on appelle la *parentification.*

Un enfant qui doit tenir une place de parent très jeune est en déséquilibre relationnel significatif. En réalité, il est difficile de comprendre les liens transgénérationnels et le *livre des mérites et des dettes*, parce que rien n'est clair. Chaque famille a sa propre manière de définir la loyauté familiale. Mais l'étude transgénérationnelle peut apporter un éclairage décisif.

On retrouve dans votre travail une approche anthropologique, où vous insistez sur l'importance vitale des règles familiales...

A. A. S. : Ce n'est pas pour rien que j'ai choisi d'être analysée par un anthropologue (Gessain était directeur du Musée de l'homme et avait accompagné Paul-Émile Victor chez les Eskimos) et que j'ai tenu à travailler avec Margaret Mead ! L'approche anthropologique contextuelle est fondamentale : il faut absolument replacer les gens et les évènements dans leur contexte et comprendre les règles familiales et sociales de l'époque, du milieu, du lieu précis. Citons quelques règles familiales que l'on retrouve souvent. Vous avez des familles soignants/soignés : certains membres en soignent d'autres, qui sont malades. Il existe des familles où la règle est de tout faire pour que le fils fasse des études – l'aîné n'y sera jamais une fille, mais toujours le premier fils. Ce sont parfois des familles où l'on fabrique ainsi un successeur « aîné » pour reprendre les affaires familiales. Dans d'autres familles, plusieurs générations cohabitent systématiquement sous le même toit. Ailleurs, l'un hérite et les autres partent au loin, ou le servent...

Quand on regarde un « génosociogramme », il est essentiel de bien voir quelles règles y sont en vigueur et *qui* les élabore. Cela peut-être un grand-père, une grand-mère, un oncle... Quand on commence à comprendre ces règles, on peut essayer d'aider la famille à atteindre un moindre dysfonctionnement de relation et un meilleur équilibre des dettes et des mérites de chacun. Tout n'est pas toujours facile à comprendre quand on déchiffre une famille !

Vous vous êtes également penchée sur l'échec scolaire qui, selon vous, serait souvent d'ordre transgénérationnel ?

A. A. S. : Mon approche est à la fois contextuelle, sociopsychologique, psychanalytique, transgénérationnelle, ethnologique et éthologique. Chacune de ces sciences est importante et leurs apports sont complémentaires. Dans le cas de l'échec scolaire, il faut ajouter l'aspect socio-économique de ces loyautés familiales brillamment analysées par Vincent de Gaulejac qui, je dois le dire, a bien éclairé ma lanterne. Il démontre notamment à quel point il est difficile à un « bon fils » ou à une « bonne fille » de dépasser le niveau d'études de leur père ou de leur mère : ils tomberont malade la veille de l'examen, ou rateront leur train, ou auront un accident sur la route, ou oublieront tout simplement de mettre leur réveil matin... Ce faisant, ils répondent inconsciemment au message doublement contraignant de leur père (ou de leur mère), le fameux *double-bind* : « Fais comme moi, mais surtout ne fais pas comme moi ! « Plus précisément : « Je fais tout pour toi et je veux ta réussite... mais je crains terriblement que tu me dépasses et que tu nous lâches. » Or, ces messages et actes manqués datent la plupart du temps des générations précédentes. Là encore, la fidélité aux ancêtres, devenue inconsciente ou invisible, nous gouverne.

Notre destinée individuelle peut être guidée par l'histoire des générations antérieures. Ce qui signifie qu'un événement vécu par un ancêtre cinquante ou cent ans auparavant peut orienter les choix de vie, déterminer les vocations, déclencher une maladie et même provoquer la chute accidentelle dans l'escalier d'un arrière-petit-fils. Que reste-t-il alors du libre arbitre ?

A. A. S. : Tout. Parce que le choix nous est donné de nous libérer de la répétition familiale pour reconquérir notre liberté et enfin naître à notre propre histoire.

2.

Votre famille est un arbre magique à l'intérieur de vous

RENCONTRE AVEC ALEXANDRO JODOROWSKY

Dans le vaste mouvement de découverte — ou de redécouverte — du transgénéalogique, Alexandro Jodorowsky fait figure d'outsider et de pionnier. Qu'est-ce que le « transgénéalogique » ? C'est la prise en considération, notamment par les thérapeutes, de tout ce qui nous touche, au corps, à l'âme et à l'esprit, en provenance de notre ascendance, de notre lignée. « Or, dit Jodorowsky, dans chacun de vos ancêtres, il y a un Bouddha qui dort : si vous voulez vous éveiller, travaillez à hisser votre arbre généalogique entier au niveau de sa bouddhéité. »

Avec une sorte de retard sur les Orientaux, mais aussi munis d'un outillage d'introspection de plus en plus raffiné, les Occidentaux découvrent qu'il est essentiel d'« honorer ses ancêtres » — car ils font partie de nous ! Les honorer, cela peut signifier : les connaître, les analyser, les démonter, les accuser, les dissoudre, les remercier, les aimer... pour finalement « voir le Bouddha en chacun d'eux ».

Bien avant que la thérapie transgénéalogique ne devienne à la mode, le dramaturge-metteur en scène Jodorowsky, cofondateur du concept de *Théâtre panique*, avec Arrabal, Topor et quelques autres provocateurs de génie, arrivés d'Amérique latine dans les années cinquante et soixante, avait placé l'arbre généalogique au centre de sa vision du monde. On sait que cet ancien agitateur culturel s'est depuis longtemps mué en sage qui aide les gens à trouver leur chemin dans le chaos spirituel moderne, grâce en particulier au jeu du Tarot. Voilà trente-cinq ans qu'il reçoit chaque semaine, le mercredi, des gens venus de toute l'Europe, dans un bistrot transformé en « cabaret mystique » où, de façon rigoureusement bénévole, il tire les cartes à une demi-douzaine de personnes, tandis que tout autour une foule de plusieurs dizaines de quêteurs-de-sens se presse pour entendre ce que dit l'artiste... parfois à voix basse quand, ayant (très compassionnellement) interpellé et écouté son « patient », puis attentivement étudié son « arbre » (généalogique), il lui prescrit l'acte « psychomagique » destiné à ritualiser sa guérison.

D'autres soirs, c'est différent : ni bousculade ni cabaret, Alexandro Jodorowsky transmet son art à d'autres thérapeutes en recevant, chez lui, une seule personne en consultation. Mais les ingrédients sont les mêmes : interpellation compassionnelle, écoute, interprétation des signes symboliques, psychomagie, et toujours, au centre, l'étude attentive de l'« arbre » de la personne concernée.

C'est sur ce dernier point surtout que nous voulions l'interroger. Nous avions assisté à l'une de ses consultations. Un cas impressionnant. Abusée sexuellement par son père quand elle était une petite fille, une femme reste murée dans un refus total de faire l'amour avec quiconque. À cinquante ans, une longue psychanalyse n'ayant rien résolu, elle croise la route de Jodorowsky et accepte de tenter sa méthode. En quelques heures, tout son passé va resurgir... remontant bien avant sa naissance : son arbre généalogique, minutieusement étudié, révèle en effet une foule de résonances incestueuses dans les différentes branches de la famille, sur plusieurs générations. Poussée par « Jodo » à rompre le pacte maudit d'amour/haine qui l'enchaîne à son père, la femme passe par un instant terrible. Une sorte de transe ultrarapide. Hurlement. Abattement. Prescription d'un rituel psychomagique abrupt : le dessin grandeur nature du sexe du père pédophile, enveloppé dans l'arbre généalogique familial et accompagné de quelque colifichet symbolisant le mal arraché du cœur de la dame, le tout bien empaqueté doit être jeté dans la Seine... ce qui aura finalement pour conséquence de provoquer une étonnante accalmie, et le début d'une sérénité que la dame n'espérait plus.

Entretien avec un ex-provocateur
devenu grand sage

Il serait possible de remplacer des années de thérapie par une séance de « psychomagie » fulgurante ?

Alexandro Jodorowsky : Une fois qu'on a pris conscience que l'on porte son arbre généalogique dans son corps, et que l'on peut expulser les souffrances ainsi occasionnées comme on expulse les démons, tout peut changer d'un seul coup. Mais cela ne dispense pas d'un énorme travail sur soi. C'est un travail dans le mental et dans l'esprit, mais aussi dans la chair. À la chair, on peut faire comprendre qu'il faut lâcher prise... à condition de ne pas avoir peur. Il ne faut pas craindre de s'enfoncer profondément en soi, pour traverser toute la part d'être mal constituée, toute l'horreur du non-accomplissement, et pour lever l'obstacle de l'arbre généalogique qu'on porte en travers de soi et qui oppose son barrage au flux de la vie. Dans ce barrage, fait de tas de branches mortes, vous retrouvez les spectres de votre père et de votre mère, de vos grands-parents et de vos arrière-grands-parents... Il faut avoir le courage et l'énergie de les empoigner et de leur dire : « Basta ! Je ne mangerai plus dans cette assiette pourrie ! Ça suffit ! » C'est dur ? Oh, certes, il serait tellement plus facile de prendre quelques sucreries psychologiques rassurantes, quelques calmants « positifs », se regarder dans un miroir magique qui nous dirait que nous sommes beau et génial... Mais enfin, la question n'est-elle pas de nous débarrasser de notre merde ? Eh bien, ça demande du travail.

Par où commencer ?

A.J. : D'abord savoir se placer soi-même dans son arbre généalogique et comprendre que cet arbre n'est pas du passé : il est tout à fait vivant et présent, à l'intérieur de chacun de nous ! L'arbre vit en moi. Je suis l'arbre. Je suis toute ma famille. On me touche la jambe droite et papa se met à parler, l'épaule gauche et voilà grand-mère qui gémit ! Quand je m'enfonce dans mon passé, j'entre aussi dans celui de mes parents et des ancêtres. Nous n'avons pas de problèmes individuels : toute la famille est en jeu. L'inconscient familial, ça existe. Un père décide de commencer une psychanalyse, et d'un seul coup toute sa famille est touchée et se met à évoluer. Dès que vous prenez conscience, vous faites prendre conscience à tous les vôtres. Vous êtes la lumière. Quand une pomme apparaît sur l'arbre, tout l'arbre est en joie, comprenez-vous ? Si vous faites votre travail, tout votre arbre se purifie.

Il pourrait se purifier même à l'insu de certains de ses membres, de façon irréversible ?

A.J. : À l'insu oui, d'une façon irréversible certainement pas. La rechute est toujours possible. Et elle concerne, elle aussi, l'arbre entier. Quand je chute, mon sort entraîne celui de toute ma famille, y compris des enfants à venir, sur trois ou quatre générations. Notre responsabilité est immense. Surtout avec les enfants. Ils ne vivent pas dans le même temps. Pour nous, une scène peut sembler se dérouler en une heure, pour eux elle aura duré un mois ou un an et les laissera marqués à vie. C'est pourquoi il faut bien savoir à qui vous confiez vos enfants. Si vous laissez votre enfant pendant huit heures à une personne neurasthénique, ou hystérique, ou pleine de problèmes, l'enfant risque de tout absorber. Vous-même, quand vous vous occupez d'un enfant, faites bien attention !

Des psychanalystes comme Nicolas Abraham ou Didier Dumas disent que le problème qu'ils rencontrent dans les arbres, ce sont les fantômes. Ils appellent ainsi les non-dits traumatisants, le « non-pensé transgénéalogique » qui se promènerait dans les arborescences familiales et rendrait les humains malades.

A.J. : C'est vrai. Et si le non-dit est si traumatisant, c'est que nous sommes tous des êtres abusés. Abusés de mille manières. Or les abus subis pendant l'enfance, nous avons tendance à les reproduire sur d'autres, une fois devenus adultes. Il y a des abus mentaux, des abus de langage, des abus émotionnels, des abus sexuels, des abus matériels, des abus d'être : on ne m'a pas donné la possibilité d'être, on n'a pas vu qui j'étais, on a voulu que je sois quelqu'un d'autre, on m'a donné un plein de vie mais qui n'était pas le mien, on voulait un garçon et je fus une fille... On ne m'a pas laissé voir, laissé écouter, laissé dire et ce qu'on m'a dit ne me correspondait pas. Abus matériels : je n'ai pas eu l'espace, l'apparence, la nourriture qui me correspondaient. Quant à l'abus sexuel, il est toujours plus courant que ce qu'on pense. La liste des abus est très longue. Et celle des culpabilisations : c'est par ta faute si on s'est mariés, tu as été une charge, j'ai raté ma vie à cause de toi, tu veux partir, tu nous trahis, tu ne penses pas comme nous, et pire, tu veux nous dépasser : alors on va créer un abus qui sera un échec ou une dévaluation. Le « noyau homosexuel » refoulé abonde, et les garçons manqués ! et l'inceste ! Et tout ça se reproduit à l'infini. On n'en a jamais fini, c'est vaste, énorme, incroyable. Comment réagir face à un tel humour ?

Humour ???

A.J. : Mais oui, parce qu'à l'évidence l'univers a été créé par un type qui aime les blagues ÉNORMES, mais des blagues souvent très noires ! On subodore cet humour dans les jeux de synchronicité. Ce matin, je prends ce téléphone et je fais le zéro, qui est le numéro codé de mon fils, Adam. Une femme décroche : « Allô ? — Bonjour, Adam est là ? — Non, c'est sa fille. — Sa fille ? Mais mon fils n'a pas de fille ! — Ah, c'est la meilleure ! Parce que mon père ne s'appelle pas Adam peut-être ! ? » J'étais tombé par erreur sur un autre numéro, avec une fille dont le père s'appelait Adam. Eh bien ça, c'est un jeu de Dieu, qui me fait une toute petite blague. Plus tard, j'ai dit à mon fils : « Adam, j'ai parlé avec ta fille dans le futur. » Il a sursauté : « Ne me dis pas ça, papa ! » Il trouvait que j'abusais...

L'abus le plus simple, à notre époque, est souvent décrit par défaut : c'est l'absence du père, l'absence de loi du père...

A.J. : Oui, et quand le père est absent, la mère devient dominante, envahissante, et ce n'est plus une mère. On peut donc parler d'absence totale de père ET de mère. Nous sommes dans une civilisation d'enfants. Partout on cherche le père, c'est pourquoi il y a les gourous, qui viennent remplacer les pères manquants — et parfois les mères manquantes... Nous vivons dans une société assoiffée de caresses. Moi, je n'ai pas le souvenir que mon père m'ait pris dans ses bras — les hommes ne se touchaient pas. Quant à ma mère, dès le moment où l'on a rasé de ma tête les blonds cheveux de son propre père mythique, elle m'a éloigné d'elle et je ne me rappelle pas qu'elle m'ait caressé. Nous sommes des enfants souvent abusés par l'absence des caresses dont nous avions tant besoin.

Jusqu'où faudrait-il remonter pour nous laver de tous les abus ?

A.J. : Question trop vaste. C'est toute la planète qui est concernée, avec ses tremblements de terre, ses inondations, c'est toute la société, toute l'histoire, avec ses guerres, ses crimes. Actuellement, je vois souvent des personnes qui ont des problèmes datant de la guerre de 1914 — un grand-père a été gazé et une maladie pulmonaire, c'est-à-dire un mal émotionnel, un trouble de non-réalisation, surgit maintenant. La guerre de 14, on la paye encore aujourd'hui, par grands-parents ou parents interposés, et aussi, très souvent, par le biais des oncles et des tantes : les relations entre mon père (ou ma mère) et ses frères et sœurs peuvent très facilement m'influencer, même si je ne connais rien des viols, des avortements, des fausses couches, des crimes, des passages à l'acte dans l'inceste, des noyaux homosexuels non résolus, des relations sadomasochistes qui ont pu les concerner... Dresser une liste exaustive est impossible. Il suffit parfois d'un « rien ». Naître après un frère mort et être appelé René, symbole de renaissance, et vous voilà incrusté par un autre être, ce frère mort, pour la vie. On remplace souvent quelqu'un : papa me donne le nom d'une fiancée qu'il a perdue, et toute ma vie je serai la fiancée de mon père ; ou maman me donne le nom de son père, et moi, pour la satisfaire, j'essaierai d'être comme mon grand-père. Ou alors, en toute inconscience, maman fait carrément un enfant avec son père, et là, c'est l'histoire de Marie et de Dieu le Père que nous allons jouer : elle pourra même, si elle veut, me baptiser Jésus, ou Salvatore, ou Joseph, enfin un nom christique, et je me sentirai obligé d'être un enfant parfait.

Plus explicitement, la religion joue-t-elle un rôle dans les résonances transgénéalogiques ?

A.J. : Un rôle considérable ! La plupart des arbres généalogiques, quels qu'ils soient, sont marqués en amont, à un stade ou à un autre, par des livres sacrés mal interprétés, pervertis, déviés de leurs intentions originelles. Selon l'endroit où vous êtes né, les ravages (en particulier les déviations sexuelles) seront passés par le moule de la Torah, ou du Nouveau Testament, ou du Coran, ou des sutras... L'interprétation pervertie des textes sacrés est plus meurtrière que la bombe atomique (j'y inclus les religions matérialistes et marxistes, qui font des dégâts bien aussi graves).

Face à toutes ces catastrophes, que fait l'arbre généalogique ? Pour ne pas mourir (ce qui arrive quand le secret ne peut définitivement plus émerger à la surface), il a tendance à s'équilibrer, dans des acrobaties parfois inouïes, pouvant donner un assassin d'un côté et un saint de l'autre.

Vous en parlez vraiment comme s'il s'agissait d'un arbre au sens propre !

A.J. : Mais c'est réellement un être vivant ! Certains psychanalystes qui ont fait des études généalogiques ont voulu le réduire à des formules mathématiques, ont essayé de le rationaliser. Mais l'arbre n'est pas une chose rationnelle, c'est un être organique, une vraie sorte d'arbre ! Je m'en suis particulièrement bien rendu compte quand j'ai fait l'expérience de théâtraliser les arbres généalogiques.

D'où vous est venue cette idée ?

A.J. : Nous avons tous un temps et un espace intérieurs. Pour travailler sur le temps intérieur, je demandais aux gens : « Combien de temps pensez-vous vivre ? » On me répondait : quatre-vingt-six ans, soixante ans, soixante-quinze ans... Et je me suis aperçu que c'était les âges où des membres de leurs familles étaient morts. J'ai vu aussi que les femmes accouchaient aux mêmes âges que leurs mères. Autrement dit, nos ancêtres nous lèguent un certain temps. Ils nous lèguent aussi un espace. Cet espace est fonction de la morale, de la religion, de l'intelligence de notre arbre. Pour élargir mon intelligence, j'ai compris qu'il me fallait élargir l'espace intérieur que m'ont légué mes ancêtres. Je me suis alors demandé *où* se trouvait cette famille intérieure. Nous avons tous une *représentation* de notre famille, qui comprend notre arbre entier, avec ses blocages, ses désirs, etc. J'ai ainsi réalisé que la famille de chacun s'ordonnait dans son espace mental et j'ai imaginé — c'était dans les années soixante-dix — que cet ordonnancement pouvait être transposé sur une scène de théâtre, sur laquelle je pouvais disposer l'espace familier de quelqu'un, en demandant à mes élèves, ou à des personnes assistant à mon enseignement, de représenter les membres de leur famille. Comment les ordonner dans l'espace ? À certains, j'ai eu envie de donner des chaises ; aux plus humiliés, j'ai demandé de s'accroupir par terre ; aux oubliés et aux exclus, j'ai dit de se placer le plus loin possible ; les morts étaient couchés ; les enfants se présentaient de dos ; etc. Ça devenait une énorme sculpture dans l'espace. Et au consultant, je demandais où il se situait lui-même là-dedans. J'ai raconté tout ça dans *L'Arbre du dieu pendu*...

Nous remontions aussi loin dans le passé que la personne pouvait se rappeler son arbre, ou qu'elle pouvait se l'imaginer. Personnellement, j'ai ainsi fait remonter mon arbre jusqu'en 1450, élargissant d'autant mon temps, mon territoire et ma conscience. Parce que, dans l'arbre généalogique, je place aussi le degré de conscience. On ordonne la famille comme une sculpture dans l'espace et le temps, puis on jauge son degré de conscience.

Ce faisant, je poursuivais trois objectifs : connaître tout l'univers, vivre aussi longtemps que lui et être sa conscience. Trois idéaux divins. Le plus haut degré de conscience, c'est parvenir à l'impensable qu'on appelle Dieu. Tant qu'on n'est pas parvenu à l'impensable, on n'a pas une conscience complètement évoluée, on conserve sur soi-même une vision dualiste. Mais si l'on dépasse toute dualité, la pleine réalisation de la conscience s'avère aussi sa disparition !

Donc, nous voilà avec un certain nombre de personnes invitées à représenter sur scène un arbre généalogique...

A.J. : Je demandais au consultant dont il s'agissait d'étudier l'arbre de choisir soigneusement quelqu'un pour représenter son père, une autre personne pour représenter sa mère, d'autres pour ses frères, etc. Or, dès cet instant surgissaient des synchronicités absolument renversantes, des jeux de résonances entre les personnes choisies « au hasard » et celles qu'elles représentaient. Je n'avais jamais autant senti à quel point tout, dans l'univers, se tient.

Ce qui expliquerait que la méthode que vous avez inventée alors se soit spontanément retrouvée chez d'autres thérapeutes, par exemple Bert Hellinger, qui ont eu en quelque sorte la même idée que vous...

A.J. : J'en suis bien content et pas du tout jaloux ! Il n'y a jamais d'idées totalement uniques et isolées. Elles surgissent toutes de la société. Un certain nombre de psychogénéalogistes ont aussi suivi mes cours pendant des années, avant de lancer leurs propres écoles... Ce sont des outils pour faire progresser l'humanité. Moi, j'ai ensuite poussé vers la psychomagie et le psychochamanisme, qui sont des techniques encore plus avancées. On voit désormais même des psychanalystes utiliser des outils comparables à ceux de la psychomagie !

L'inconscient n'est pas scientifique, il est artistique. L'étude de l'arbre doit donc se faire d'une autre façon que par la raison pure. Quelle est la différence entre un corps géométrique et un corps organique ? Dans le corps géométrique, on sait parfaitement quelles sont les relations entre les parties. Dans un corps organique, ces relations sont mystérieuses, on peut rajouter ou retirer quelque chose, l'organisme reste le même. Les relations internes d'un arbre sont mystérieuses. Pour les comprendre, il faut entrer dans l'inconscient. Comme dans un rêve. Le rêve de l'arbre généalogique, il ne faut pas l'interpréter, il faut le vivre.

Mais ce rêve ressemble surtout à un cauchemar, non ?

A.J. : Plutôt à une invitation au travail, comme dans l'hexagramme 18 du Yi King, qui s'appelle « Le travail sur ce qui est corrompu ». L'image évoque une assiette dont les aliments sont bourrés de vers et le commentaire dit : « Les conditions ont dégénéré en stagnation. Puisqu'on se trouve là devant un état de choses qui laisse à désirer, la situation contient en même temps ce qui est nécessaire pour y mettre fin. » C'est merveilleux ! Quand j'ai un problème (ce plat pourri), je sais que j'ai un travail à faire. C'est la même chose dans le Tarot : chaque fois qu'une personne tire une carte inversée, je lui dis : « Ce n'est pas un trait méchant contre toi, c'est un travail à faire. »

Le problème, c'est que beaucoup de gens tiennent à leurs souffrances. Une femme pleure : « Mon amant m'a quittée ! » Moi : « On va analyser pourquoi. » Elle s'insurge : « Non, n'analysez pas. Je souffre, mais je sais qu'il doit en être ainsi. » Que voulez-vous faire ? Peut-être est-elle comme ça parce qu'elle n'a pas été aimée, enfant, et qu'elle ne peut avoir la sensation d'être elle-même que dans la souffrance. Beaucoup de gens — pas vous, bien sûr ! (grand sourire) — détestent souffrir mais ne peuvent se détacher de la souffrance parce que ça leur donne la sensation d'exister.

Que conseillerait le Yi King ?

A.J. : De « traverser les grandes eaux », c'est-à-dire de se traverser soi-même, à commencer par son corps, de traverser la conception que l'on se fait de soi, puis les différentes parties de son être, comme en suivant un axe, jusqu'à parvenir à la divinité...

Quel est le but ? C'est de faire la paix avec mon inconscient. Pas de devenir autonome de mon inconscient (ça voudrait dire quoi ?), mais d'en faire mon allié. Si mon inconscient est mon allié, parce que j'ai appris son langage, que j'ai la clé de son mystère, il se met à travailler pour moi : il passe à mon service et moi au sien, on va fonctionner ensemble. Or, la famille, c'est mon inconscient. Il ne s'agit pas, en réalité, de devenir autonome de ma famille, mais d'être capable de la pénétrer et d'en faire mon alliée, à l'intérieur de moi. Je ne parle pas des personnes physiques, qui sont là ou ailleurs, je parle de la famille qui se trouve au-dedans de moi. Cette famille du dedans, il faut que j'en travaille chaque caractère comme un archétype. Il ne faut pas qu'en mon for intérieur je conserve mon niveau de conscience pour moi seul, il faut que je donne mon niveau de conscience à chacun d'eux, que je les exalte, que je les élève. Tout ce que je leur donne, je me le donne ; ce que je leur enlève, je me l'enlève. Les personnages monstrueux, je vais les transformer. Opérant une transmutation, je vais leur donner à tous mon niveau mental. Il faut qu'au-dedans de moi je fasse de tous mes parents et ancêtres des êtres réalisés. On dit bien : « Le chien aussi est Bouddha. » Cela veut dire que mon père et ma mère aussi sont Dieu, que mes oncles et mes tantes aussi sont Bouddha. Il faut donc que j'aille chercher la bouddhéité dans chaque personnage de ma famille. S'agit-il de personnes qui se sont déviées de la bouddhéité ? Ont-ils le cœur rempli de rancune, le cerveau rempli d'idées folles, le sexe rempli de désirs mal placés ? Eh bien, tel un berger avec ses moutons, je dois les remettre dans le chemin. En moi-même, je dois remettre ma famille dans le chemin, faire un nettoyage des besoins, des désirs, des émotions. Voilà la mission : un travail de guérison de l'arbre, et non pas, comme on pourrait se l'imaginer, une libération de l'arbre. Il ne s'agit pas d'atteindre une supposée autonomie... C'est comme si je voulais être autonome de la société, du monde, du cosmos. Autonome de ma respiration ! En fait, c'est impossible. Même si je deviens ermite, j'appartiens à la société et à l'univers.

Comment vais-je ainsi « travailler » ma famille ?

A.J. : En imagination. Il faut créer ce rêve de perfection à l'intérieur de soi. C'est comme ça qu'on guérit cette énorme blessure. Après, on peut transmettre cette guérison à ses enfants... Ça peut prendre une infinité de formes. Personnellement, j'ai écrit ce roman qu'est *L'Arbre du Dieu pendu*. D'autres passent par la peinture. D'autres par le théâtre. Il faut trouver le schéma et enrichir l'image de chacun.

À quoi voit-on que l'arbre est guéri, ou en voie de guérison ?

A.J. : L'arbre sera toujours défini par son fruit. Si le fruit est amer, même s'il provient d'un immense arbre majestueux, celui-ci est mauvais. Si le fruit est bon, même s'il provient d'un tout petit arbre tout tordu, celui-ci est merveilleux. L'arbre en nous, c'est toute notre famille, passée et future, et nous, nous sommes les fruits.

Certains lamas disent qu'il faut prier pour nos ancêtres, et même pour quelqu'un qui a atteint un niveau bouddhique, parce qu'il en a besoin. Entre nos ancêtres et nous, il y a une sorte d'échange...

A.J. : Un jour, je suis allé aux Saintes-Maries-de-la-Mer, où se trouve cette Vierge noire que les gitans promènent dans les vagues. Je suis d'abord entré dans le sanctuaire avec l'idée de demander quelque chose. Mais finalement, m'adressant à la Vierge, je lui ai dit : « Écoute, tout le monde te demande, à toi, des tas de choses, alors moi je vais te masser ! » Et j'ai massé la Vierge noire, pour lui enlever la fatigue. Et ça m'a donné une paix incroyable dans l'âme, de masser la Vierge à qui tout le monde demande des choses. Ça m'a ouvert le mental. En réalité, quand tu masses un malade, tu masses une imperfection mais tu masses aussi le Bouddha. Le médecin est inférieur au malade, il est dans la position du servant, le médecin est au service du malade. Je ne suis pas le chemin, je suis le paillasson. Je ne suis pas la lumière, je suis l'interrupteur. Si je veux bâtir un arbre généalogique, je dois me mettre dans un état de service, pas un état de sommité. Entrer dans le chemin de l'ignorance totale. Et, de là, recevoir l'autre dans mon ignorance, pour l'aider à exister, à aller profondément vers sa propre lumière.

À ce moment-là, je me rends compte que ma sexualité ne m'appartient pas, qu'elle vient de l'univers entier. Que mon corps ne m'appartient pas, qu'il vient des étoiles. Que dans mon corps aucun atome ne m'appartient, que le moindre atome d'hydrogène provient de l'explosion originelle. Que rien n'est à moi, pas la moindre parcelle d'émotion. L'amour que je porte ne m'appartient pas. Si l'amour n'appartenait pas à la nature, je ne le sentirais pas. Les émotions ne sont pas à moi, elles sont à tous. Elles viennent de l'univers lui-même. L'univers est un champ d'amour, un champ sexuel, un champ matériel. On n'arrête pas de parler de solitude, mais nous ne sommes jamais seuls.

En fait, vous qui étiez essentiellement un artiste, d'où vous est venu le désir de devenir aussi thérapeute ?

A.J. : Mon plaisir premier est d'écrire, de concevoir des scénarios, de faire des bandes dessinées. Mais j'avais étudié cinq années avec un maître zen et j'avais été frappé par un sutra qui dit : « Je ne veux rien pour moi qui ne soit pour les autres. » Et j'ai ainsi découvert, en fouillant mes sentiments sublimes — car nous avons tous des sentiments sublimes, dont nous avons stupidement honte, dans notre société intellectualisée où un « bon écrivain » se doit d'être destructeur et pessimiste ! —, j'ai découvert en moi l'amour de l'humanité, notamment à travers la paternité. Je le dis en toute naïveté. Tout d'un coup, j'ai découvert que j'avais beaucoup d'amis, aussi dans le passé et dans l'avenir. Et il me fallait absolument participer à cette aventure collective ! Comme je déteste demander des subventions, je me suis planté gratuitement dans une salle (au début, c'était une salle de danse) et j'ai lancé mon Cabaret mystique, pour donner des conférences sur l'amour de l'humanité. Puis des consultations de Tarot et de psychomagie. Voilà maintenant trente ans que ça dure. C'est un service de santé publique individuelle. Et toutes ces idées ont commencé à circuler...

Pourquoi les Occidentaux redécouvrent-ils l'importance des ancêtres maintenant ?

A.J. : Je pense que nous avons plusieurs inconscients : un individuel, un familial, un social, un historique. Nos ancêtres se trouvent dans notre inconscient historique, où ils sont bien vivants et agissent. Or, le monde actuel est en danger. C'est un grand malade. Son corps lutte pour survivre. Je pense que nos ancêtres montent actuellement à l'assaut de notre maladie comme des anticorps : pour défendre et guérir notre avenir. Notre décadence présente donc aussi de bons côtés. À l'inverse, je pense que nous avons un travail à accomplir pour guérir notre passé. Un passé malade peut se soigner. Comment ? En changeant de point de vue. L'histoire n'est qu'un point de vue.

C'est-à-dire ?

A.J. : Le passé a la même consistance que le rêve. C'est comme les cartes du Tarot. Ce sont des manifestations qui n'ont pas d'explication rationnelle précise. On peut les interpréter à chaque moment d'une façon différente, selon notre degré de conscience. Si notre niveau de conscience s'élève, la signification du passé change — et puisque l'arbre se juge à ses fruits, si les fruits changent, l'arbre change aussi. Nous pouvons donc guérir notre passé, le comprendre mieux. C'est en nous que le grand-père, l'arrière-grand-père, l'arrière-arrière-grand-père souffrent de leur irréalisation. Si donc nous nous réalisons, nos aïeux, en nous, vont se réaliser, en rejoignant notre degré de conscience.

Il y aurait donc une réversibilité du temps ? Les théoriciens du Chaos disent le contraire. Ils disent que le monde est à la fois imprévisible et irréversible.

A.J. : Oui, mais ça, c'est le sort de la matière. Pas celui de l'esprit. Dans l'esprit, les choses peuvent se renverser. Une souffrance peut devenir joie. Un échec peut se métamorphoser en réussite. Si l'on pense que l'on vit seulement dans son corps, tout est irréversible. Mais si nous sommes autre chose que notre seul corps, le passé devient accessible là, dans le présent. Agissant sur votre présent, vous agissez sur votre passé. Illuminant votre présent, vous illuminez votre passé.

En ce cas, il n'y a pas de passé...

A.J. : Ni de futur. La vie, éternelle et infinie, se trouve là, juste là, maintenant, en vous. Il faut vraiment que la psychanalyse le comprenne, au lieu de rester absurdement *scientifique*, continuant à appliquer à l'esprit les lois de la matière. Les scientifiques ont du mal à accepter le côté « surréaliste » de l'inconscient. L'arbre généalogique est complètement surréaliste et fou ! Et la guérison passe par là. Par exemple, sans le concept de Dieu — mais un bon concept de Dieu, pas un concept pourri ! —, il n'y a pas de guérison possible. Pourquoi ? Parce qu'il n'y a pas de guérison sans union avec l'impensable. Coupés de nos racines, qui sont le vide primordial, sans retrouvailles avec le néant impensable, comment guéririons-nous ?

Décidément, vous rejoignez vraiment la vision bouddhique, dans laquelle la suprême vacuité n'empêche nullement de prier pour ses ancêtres, qui en ont même grand besoin — qu'ils aient été des saints ou des assassins !

A.J. : Ou simplement des médiocres, des paysans. Parce qu'ils sont en nous. Ils sont nos racines. Nous sommes leurs fruits. Quant aux religions, elles ont toutes à se transformer. Les religions nous ont fait un mal de chien. Mais ce ne sont pas les Évangiles qui sont mauvais, ce sont les interprétations qu'on en a données pendant des siècles. La tradition rabbinique actuelle, l'intégrisme musulman, l'attitude de l'Église vis-à-vis du sexe et de l'argent... tout cela est lamentable et va encore produire beaucoup de maladies. Mais je ne crois plus en la révolution. Au lieu de nous attaquer à la religion, il nous faut entrer dans son cœur et l'exalter dans ce qu'elle a de bon. Il faut la faire muter.

Vous pensez qu'une mutation peut se produire comme ça — Snap ! — instantanément ?

A.J. : Oui — Snap ! — mais après beaucoup, beaucoup, beaucoup de travail. On voit facilement les limites des autres. Très difficilement les siennes propres.

3.

Les constellations familiales ou le contact d'âme à âme

RENCONTRE AVEC BERT HELLINGER

Après des études de philosophie, de théologie et de pédagogie, Bert Hellinger a travaillé pendant une quinzaine d'années comme « missionnaire-enseignant » en Afrique du Sud. Dans les années quatre-vingt, de retour en Europe, il quitte les ordres, devient psychanalyste et psychothérapeute, s'investit dans une pratique intense de la dynamique de groupe et finit par inventer sa propre méthode, la Constellation Familiale, qui touche à des profondeurs psychologiques où la langue fait parfois défaut et où le « ressenti » sert souvent d'unique boussole.

Aujourd'hui âgé de soixante-seize ans, Bert Hellinger tient des propos qui ne sont pas toujours politiquement corrects. Il parle d'« honorer ses père et mère », de « respect pour les anciens » et surtout de « communication d'âme à âme » — or, l'âme, on le sait, n'existe pas pour la science... Il n'empêche que les constellations familiales révèlent d'une manière extraordinairement simple et poignante la façon dont nous sommes inconsciemment ligotés à nos groupes de référence, à commencer par notre famille, et propose une façon radicalement inédite de nous libérer sans nous détacher — ce qui est aussi impossible que d'arrêter de respirer !

Avez-vous déjà participé à une Constellation Familiale ? Mise au point il y a une trentaine d'années par Bert Hellinger, elle a été adoptée par de nombreuses écoles psy. Curieusement, cette méthode a une forme jumelle, inventée vers la même époque par Alexandro Jodorowsky — comme l'explique le biologiste Rupert Sheldrake, les idées peuvent spontanément jaillir dans plusieurs esprits à la fois ! Le principe est simple. Quand vient votre tour, vous choisissez plusieurs personnes dans le groupe (c'est une thérapie groupale) pour représenter chacun des membres de votre famille (ou de votre entreprise, ou de la communauté à laquelle vous appartenez et où se pose le problème pour lequel vous êtes là). Sans rien leur dire de vous, vous placez ces personnes à votre guise, debout, les bras ballants, dans le cercle formé par les participants. Vous agissez toujours « au *feeling* », dans un état semi-somnambulique, en ne pensant à rien, juste vigilant à ce qui se passe en vous. Puis vous vous asseyez et écoutez le psy « constellateur » interroger chacune des personnes de la « constellation » ainsi formée. Aussi fou que cela puisse paraître, ces personnes, qui ne savent rien de vous ni de votre famille ou de vos ancêtres, se mettent à répondre des choses tout à fait en rapport avec votre situation, votre vie, votre arbre généalogique. Invité par l'un des participants d'un tel atelier[1] à représenter son père (cela aurait pu être son frère, ou son fils, ou même sa mère ou sa femme, les vecteurs de l'expérience s'avérant androgynes), nous nous sommes mis à ressentir des sensations, des émotions, à prononcer des paroles, à commettre des gestes, à exprimer des demandes que nous ne contrôlions pas et qui participaient d'un ensemble interactif impliquant quatre, cinq, six, jusqu'à vingt personnes dans un état similaire au nôtre, le tout prenant un sens aigu (dans son récit ultérieur) pour le sujet dont nous « constellions » (verbe transitif) la problématique, vers une issue si possible harmonieuse... Le champ ainsi ouvert

1. Nous avons approché cette méthode dans le cadre d'un atelier coordonné par une psychothérapeute française, Marie-Thérèse Bal-Craquin.

est extrêmement surprenant, comparable à rien d'autre. Une chose est sûre : l'intellect n'intervient pas, ou pas de façon motrice, c'est quelque chose de beaucoup plus profond. Bert Hellinger parle d'une communication « d'âme à âme »...

Vous étiez d'abord prêtre, en Afrique n'est-ce pas ? Comment êtes-vous devenu psychothérapeute ?

Bert Hellinger : J'ai effectivement dirigé pendant seize ans un ordre missionnaire chez les Zoulous en Afrique du Sud... et je m'imaginais que ce serait pour la vie. J'ai ensuite été muté en Allemagne, pour diriger des séminaires de prêtres. Cela m'a donné l'occasion d'organiser des ateliers de travail avec des techniques de dynamique de groupe. Et, petit à petit, je me suis aperçu que ma voie était ailleurs que dans la prêtrise.

Y a-t-il eu un événement qui a tout déclenché, un « déclic » ?

B.H. : En 1971, j'assistais à un congrès de psychanalystes. La séance a été dérangée par un groupe de hippies, très bruyants. Une thérapeute américaine du nom de Ruth Cone est alors intervenue, réussissant à gagner à sa cause le groupe de perturbateurs et à les calmer. Elle développait une méthode particulière d'interaction, qui consistait à lancer un thème dans un groupe et à le laisser se développer... Selon cette méthode, un groupe de travail s'est mis en place après l'incident avec les hippies ; j'y ai participé. Ruth Cone nous a alors exposé les bases d'une technique dont j'ignorais encore tout : la *gestalt*. Je me suis retrouvé confronté à mon passé et il m'est apparu clairement que je devais quitter ma fonction de prêtre. À la fin de la session, j'ai parcouru le cercle des participants en disant : « Je m'en vais. » Quelques mois plus tard, je l'ai fait. J'ai rencontré ma femme, commencé une psychanalyse et mon travail dans le champ des thérapies a vraiment débuté. J'avais quarante-cinq ans.

Vous avez alors mis au point « la Constellation Familiale », une thérapie originale. Comment l'avez-vous conçue au départ ?

B.H. : Avant de pouvoir la concevoir, j'ai exploré différents types de thérapies et notamment la thérapie primale, qui aborde l'être humain dans sa dimension de corps/émotions. Elle vise à provoquer la résurgence d'émotions refoulées, à revivre de façon consciente les scènes traumatiques censurées. Une fois libéré du souvenir de certains événements douloureux, je me suis ensuite tourné vers l'analyse transactionnelle. Le psychiatre américain Eric Berne, son fondateur, affirme que les échanges, les transactions que nous effectuons avec notre environnement révèlent notre « scénario de vie ». Peu à peu, je me suis rendu compte que les patients ne vivent pas toujours leur *script* personnel... Parfois, ils reproduisent celui d'un membre de leur famille. En d'autres termes, nos aïeux se mêlent de notre destin ! Je me souviens d'un homme qui était fasciné par l'Othello de Shakespeare. Au cours d'une séance, il m'en révèle la raison. En référence à sa passion pour Othello, je lui demande : « Qui a tué par jalousie ? » Il me répond : « Mon grand-père ! » Vous avez là un premier point essentiel : mon travail sur les Constellations Familiales met en évidence une identification inconsciente à une personne aimée et importante, en l'occurrence ici le grand-père.

D'où vient le terme de constellation ?

B.H. : C'est un raccourci de traduction. Il serait préférable de garder la traduction littérale du mot allemand et de parler de « poser la famille dans l'espace ». Car pour former une constellation familiale, on « pose » effectivement les différents membres de la famille dans l'espace, sur une scène, les uns en rapport avec les autres. Un peu comme les étoiles dans le ciel sont reliées entre elles.

Racontez-nous donc comment se déroule une thérapie de Constellation Familiale.

B.H. : Premier point important : c'est un travail de groupe. J'officie en public, dans une grande salle. Le « constellé », celui qui a un problème à résoudre, accepte de monter sur une scène et je vais littéralement « mettre en scène » son problème en introduisant autour de lui des personnes qui représenteront des membres de sa famille. Il s'agit bien souvent des parents, des frères et des sœurs... et également du patient lui-même. Il choisit dans le public les personnes qui incarneront ses proches. Évidemment, elles ne connaissent rien de l'histoire du patient ni celle de sa famille. Une fois les rôles attribués, sur scène, le patient place chacun à l'endroit qui lui semble le plus juste. La personne qui représente la mère fait par exemple face à celle qui représente le fils, ce dernier tourne le dos à sa « sœur », etc. Le patient détermine l'orientation de leur regard, la distance des uns par rapport aux autres, et ce de manière totalement intuitive. Puis il se met à l'écart et observe silencieusement.

Ce que vous nous décrivez rappelle certaines pratiques mises au point par Alexandro Jodorowsky et surtout la Sculpture familiale, cette thérapie développée en 1942 par Virginia Satir, qui était psychothérapeute dans le groupe de recherche du Mental Research Institute de Palo Alto, aux États-Unis...

B.H. : Pourtant, il existe de grandes différences... Tout d'abord, dans la thérapie de Sculpture familiale, les protagonistes sont les membres de la famille réelle. Ensuite, le patient place les différents individus en relation les uns avec les autres et il leur attribue une attitude particulière. Il demande à certains de se tourner, de lever une jambe... Bref, il « sculpte » la personne, exerce une véritable influence. Dans le cadre d'une constellation, l'intervention du sujet est minimale. Quant aux membres de sa constellation, ils sont tous « posés » dans l'espace d'une façon très intuitive. Rien n'est indiqué, il n'y a pas de consigne. C'est seulement à partir de là que la mécanique se met en branle, que les acteurs involontaires se mettent à jouer un *script* qui n'est pas le leur, mus par une force intérieure : celle de la famille du constellé.

Lorsque vous mettez en scène une constellation, quel type de phénomène se produit exactement ?

B.H. : Pour la constellation, on vérifie très facilement, de façon à la fois sensorielle et émotionnelle, que les personnes choisies pour incarner les membres de la famille du patient se « sentent » vraiment comme leurs représentants. Elles ne comprennent pas pourquoi, mais elles sont concernées. Parfois, elles adoptent même intuitivement la voix de celui ou de celle qu'elles incarnent, son vocabulaire, sa gestuelle, ses tics... Alors qu'il s'agit de gens qu'elles n'ont jamais rencontrés !

Une fois que la constellation est en place sur scène, c'est-à-dire une fois que chaque personne se trouve plongée dans cet état de conscience particulier, les « membres de la famille » vont manifester des réactions très différentes... tout dépend du rôle que l'on s'est vu assigné. Certains peuvent éprouver des sensations de chaud, ou de froid, ou d'étouffement, ou une envie de bouger, ou de se coucher sur le sol, des douleurs précises apparaissent... En règle générale, tous se trouvent atteints des symptômes des personnes qu'ils représentent — en situation réelle ! Ils deviennent un peu comme des marionnettes, possédés par les personnages qu'ils incarnent. C'est souvent très spectaculaire. La notion de champs morphogénétiques développée par Rupert Sheldrake peut aider à comprendre ce phénomène. Je vous rappelle que cette théorie suppose qu'un savoir collectif est accessible à n'importe quel individu et qu'il peut se former dans un groupe donné. C'est une hypothèse qui fait évidemment l'objet de controverses [1].

1. Les travaux de Rupert Sheldrake, d'*Une nouvelle science de la vie* à *Ces animaux qui attendent leurs maîtres*, sont publiés aux éd. du Rocher.

Voilà donc une constellation mise en place sur la scène autour du patient : quel est alors votre rôle ?

B.H. : La construction de cette première constellation reflète la façon dont le patient perçoit actuellement la situation. La place qu'y prennent les représentants, leurs réactions, permettent de discerner les intrications en présence. Celui qui mène la constellation parvient alors facilement à sentir quel serait le « pas suivant » qui serait décisif.

Le « pas suivant » ?

B.H. : Admettons qu'à un moment donné, sur la scène, se trouve une personne qui représente la mère du patient, et qu'en face d'elle quelqu'un d'autre représente le père. Admettons que celui qui représente le patient lui-même, c'est-à-dire le fils, vienne se placer juste entre ces deux personnes et regarde droit devant lui, immobile. Dans ce cas de figure, on peut « ressentir », par exemple, que le fils, en se plaçant là, entre ses parents, leur permet de ne pas se regarder. Mais voilà que je sens qu'il veut partir, que cette situation ne lui convient pas. J'induis alors un mouvement, en lui suggérant d'avancer de trois pas. Il accepte. Et tout de suite, il me dit qu'il se sent mieux. La situation évolue. J'essaye toujours de déterminer quels autres personnages devraient être intégrés au système de la constellation, ceux qui sont évidents (par exemple tel grand-parent), ceux dont le patient m'a parlé (je sais par exemple qu'il a deux sœurs), mais aussi ceux qui ont pu être exclus au cours des générations et dont l'absence, là aussi, peut soudain être fortement « ressentie »... par le thérapeute qui mène la constellation, ou par l'un des représentants en scène. Un phénomène d'imprégnation opère, les réactions de chacun s'enchaînent à celles des autres. À l'aide de phrases libératrices et de diverses marques de reconnaissance et de respect, ceux qui ont été exclus — et demeuraient tels des fantômes — peuvent être révélés et reconnus. Chacun retrouve la place qui lui revient...

Mais comment pouvez-vous être sûr de savoir quel personnage est important pour dénouer le nœud ou l'un des nœuds du problème ?

B.H. : Ce sont des intuitions, ou plutôt des perceptions. Je ne fais pas preuve d'imagination, j'ai plutôt accès à un certain nombre d'informations grâce aux attitudes des personnages, à leurs réactions, à leurs mimiques, à leurs paroles aussi, car ils peuvent très bien avoir envie de dire quelque chose. Le thérapeute s'appuie sur ce qu'il sent ou, plus exactement, sur ce qu'il perçoit. C'est une perception phénoménologique.

C'est-à-dire...

B.H. : À mon sens, la méthode des Constellations Familiales est une psychothérapie phénoménologique, c'est-à-dire non régie *in situ* par une élaboration théorique. La phénoménologie est une approche philosophique qui ne s'appuie pas forcément sur la verbalisation. Cette perception phénoménologique constitue l'outil essentiel du thérapeute en constellation. Notre attention subliminale, subconsciente, s'y entend pour débusquer toutes sortes d'informations, même anodines, qui émergent de la constellation et elle nous permet de les interpréter intuitivement. Mais du coup, il n'est pas facile de définir le lien hors norme qui s'établit entre le constellateur et le groupe qu'il anime. Cette pratique exige une présence, une écoute particulière, en l'occurrence dépourvue de toute intention préconçue quant à ce qui se manifestera lors de la constellation. Seule prime la perception immédiate de la situation.

J'entrevois ce qui ne fonctionne pas dans l'ordre existant. Pour cela, je m'appuie sur mes perceptions et mon expérience. Dans cet exercice, le thérapeute n'a pas de but défini. Il reste concentré, ou plutôt centré, ouvert à ce qui va se passer. Il ne sait pas où il va aller... Il s'expose aux phénomènes comme ils viennent. Il ne doit pas avoir peur de ce qui va apparaître, ni se montrer critique, bien sûr. Deux éléments qui peuvent perturber la perception. Ça se passe vraiment dans l'esprit du Tao : le plus présent possible, mais en total lâcher-prise et sans intention. L'important dans les constellations est uniquement ce qui est mis en lumière. C'est la réalité émergeante de la situation mise en scène qui agit, et non le thérapeute. Ce dernier ne manipule personne, il n'intervient pas, il est uniquement au service de cette réalité.

Précisons : la constellation n'est-elle en aucun cas comparable à un jeu de rôles ?

B.H. : Non, dans la mesure où il n'y a aucun rôle à *jouer* : il s'agit d'être très attentif et présent, mais sans la moindre volonté. Le gens qui pratiquent la méditation zen me comprendront facilement : il s'agit de se mettre dans l'attitude d'un méditant, mais qui, au lieu de rester ouvert à l'Inconnu dans sa dimension absolue, resterait ouvert aux autres et à ce qui se passe autour de lui. C'est une sorte de méditation « orientée ». Il est nécessaire que cette attitude soit globalement bienveillante — dans l'esprit de la compassion des bouddhistes : orientée vers les autres. Mais il n'est pas question de *vouloir* quoi que ce soit, même pas de *vouloir guérir*. Ces niveaux psychiques supérieurs doivent être mis totalement hors circuit. Il s'agit juste d'être là, d'observer ce qui se passe et, éventuellement, de l'exprimer.

Comment le thérapeute sait-il si ses perceptions sont justes ou non ?

B.H. : Il suffit d'être « présent », attentif à ce qui se passe. Si l'on attend suffisamment, les paroles ou les actes s'imposent comme des fulgurances. On sait que c'est cela qu'il faut faire ! Lorsque je choisis quelqu'un, que je le positionne ensuite dans l'espace par rapport aux autres, je ne sais pas exactement pourquoi je le fais. C'est intuitif. Je le sens. En quelque sorte, le thérapeute met en place les pièces d'un puzzle sans savoir ce que l'image représente. C'est en cours de route — voire à la fin — que tout s'éclaire ! La solution apparaît lorsque toutes les personnes placées se sentent bien là où elles se trouvent.

Comment savez-vous qu'une constellation est réussie ?

B.H. : C'est ce que je viens de vous dire : lorsque tous les membres de la constellation semblent à leur place, détendus, le visage rayonnant. Tous. Tant qu'un seul membre de la constellation ne se sent pas à son aise, c'est que l'on n'a pas abouti.

Combien de temps faut-il pour arriver à ce résultat ?

B.H. : Une séance dure environ une demi-heure, selon la complexité des intrications, bien sûr. Mais il est inutile de la prolonger indéfiniment. Tout d'abord, passé un certain temps, la concentration des participants chute. Ensuite, au bout de ce temps, si la situation ne s'éclaircit pas, c'est que nous nous trouvons face à un blocage. Encore une fois, le thérapeute intervient très peu... Par conséquent, si la situation ne se dénoue pas, si cela n'avance pas, c'est cette réalité-là qui est à prendre en compte. Mais, vous savez, réaliser qu'il y a blocage peut être très utile au patient. Cette prise de conscience peut enclencher chez lui le début d'un processus.

Il se peut donc fort bien que l'exercice d'une constellation soit un échec, qu'elle n'aboutisse pas. Qu'est-ce que cela peut signifier ?

B.H. : Je me souviens du cas d'une patiente qui, au cours d'une constellation, avait claqué la porte de la séance, très en colère. Elle m'a confié que quelques heures plus tard, au volant de sa voiture, une émotion l'avait submergée. Elle s'est mise à pleurer et a été obligée de s'arrêter en bordure d'une forêt. C'est là que, tout d'un coup, elle a pris conscience de son vrai problème et de ce qui lui restait à faire pour le résoudre. La constellation avait fait son chemin en elle. N'oublions pas qu'avoir un objectif de réussite ou de guérison implique beaucoup de volontarisme. Or la volonté pure peut contrarier le bon déroulement d'une séance.

Mais si la guérison n'est pas l'objectif de la constellation, quel est-il ?

B.H. : La constellation remet de l'ordre dans le système familial, elle « réinjecte » de l'harmonie en resituant chacun à sa place en rapport avec les autres. Pour que vous compreniez mieux, prenons une image et comparons le système familial à un « mobile » de Calder. Chacun de ses éléments a une place définie, qui participe à l'équilibre de l'ensemble. Si l'un d'entre eux devait être exclu, tout le mobile se mettrait à vaciller. Tous les éléments sont donc liés et s'influencent mutuellement. Le but du travail de constellation consiste donc à mettre à jour les dynamiques et les déséquilibres cachés. L'exclusion en est une : si un membre de la famille est exclu ou oublié, si les autres membres de la famille refoulent son existence, tout le système familial subit une pression, parfois énorme, en général inconsciente, qui ne se relâchera que lorsque cette perte sera compensée.

Comment cela se traduit-il concrètement sur scène ?

B.H. : Prenons l'exemple de Paul. Il a quatorze ans et éprouve des difficultés à travailler en classe. De plus, il a une tendance suicidaire. Dans la constellation que nous avons mise en scène pour lui, « il » (en fait son représentant) se tient debout, à côté de son « professeur », en face de ses « parents ». Le petit garçon paraît triste. Je le lui dis. Cela déclenche des larmes, bientôt suivies par celles de sa mère. Je sens que ce n'est pas sa tristesse qu'il porte, mais celle de sa mère. Il doit y avoir un événement dans sa famille, à elle, qui l'a rendue triste. Je lui pose la question. Elle dit alors que sa sœur jumelle est morte à la naissance. Un événement qui avait été mis entre parenthèses dans la famille (et qui s'avérera exact dans l'histoire de la vraie mère ; comprendre comment une telle information a pu surgir dans la conscience de la personne qui représentait la mère dans la constellation est un beau défi pour la science, mais n'est pas notre problème à cet instant !). Cette sœur avait été oubliée et tout le monde, dans un accord tacite, une convergence de non-dits, se comporte comme si ce drame n'avait jamais eu lieu, comme si cette petite fille n'avait jamais existé. Quand un tel drame arrive, sous la pression de la conscience du clan, quelqu'un va être choisi pour représenter, dans la vie, cette personne disparue. Et la plupart du temps, l'exclusion sera compensée par l'un des enfants. Ce dernier, en l'occurrence Paul, s'identifie alors à la personne exclue. Il exprime des sentiments qui ne sont pas les siens, adopte des comportements et développe des symptômes qui indiquent que quelque chose ne va pas.

Et que se passe-t-il quand l'exclu réclame sa place ?

B.H. : Dans le cas présent, il y avait visiblement un manque : la sœur jumelle de la mère ne figurait pas dans la constellation. J'ai donc décidé de la réintroduire et j'ai choisi une personne pour la représenter. C'était le premier pas pour remettre de l'ordre. Je lui ai fait tourner le dos au reste de la famille pour marquer qu'elle n'en faisait pas partie à ce moment-là. La mère s'est alors déplacée pour aller derrière sa sœur jumelle. Cette réaction révélait une dynamique cachée : l'attitude de la mère montrait clairement qu'elle désirait suivre sa sœur dans la mort. Elle le faisait avec amour. Comment se sentait-elle à cette place ? J'ai posé la question. « Mieux », m'a-t-elle répondu, confirmant ainsi son désir inconscient de suivre sa sœur dans l'au-delà.

Vous avez su cela uniquement parce que la mère s'était placée derrière sa sœur disparue ?

B.H. : C'est une dynamique très fréquente dans les constellations. « Je te suis » signifie qu'une personne se sent poussée à marcher dans les pas d'un autre membre de son système. Et, bien souvent, pour être plus précis, c'est « je te suis dans ta maladie » ou « je te suis dans la mort ».

Existe-t-il d'autres dynamiques où une personne subit l'histoire d'une autre ?

B.H. : Je poursuis mon exemple. J'ai remis la mère à sa place initiale et je l'ai remplacée par son fils, derrière la sœur exclue. Aussitôt, le garçon représentant Paul affirme : « Je me sens mieux ! » Une deuxième dynamique, conséquence directe du « je te suis », apparaît donc. Maintenant, c'est le « plutôt moi que toi ! » Quand Paul occupe la place de sa mère, que se passe-t-il ? Il sent qu'elle a le désir de mourir et il lui dit : « Je meurs pour toi. » Lorsque l'un des parents est en quelque sorte « aspiré » hors de la famille pour des raisons systémiques, c'est-à-dire qu'il tente de rejoindre un membre de la famille décédé, les enfants le ressentent inconsciemment. En prenant la décision du « plutôt moi que toi », l'enfant se met au service de sa famille, se sent en harmonie avec elle et accomplit avec bonne conscience sa mission.

À partir de là, comment la constellation de Paul a-t-elle évolué ?

B.H. : À partir de là, j'ai déplacé la sœur jumelle à côté de la mère : elle était donc à nouveau reçue dans la famille. Elle faisait à nouveau partie du clan. J'ai ensuite déplacé le jeune garçon jusque devant ses parents. Sa mère lui a dit : « Maintenant, je reste. » Il n'avait donc plus besoin de faire quoi que ce soit pour sa mère, ou plutôt *à la place* de sa mère. Par conséquent, il a été libéré. C'était la solution ! Jusque-là, ce garçon voulait inconsciemment se suicider à la place de sa mère. Le pire était qu'il se sentait bien dans ce rôle qui n'était pourtant pas le sien. Il aurait pu franchir le pas un jour, et passer à l'acte en ayant bonne conscience, parce qu'il l'aurait fait *à la place* de sa mère. On ne peut pas sauver quelqu'un tant qu'il est convaincu de prendre des décisions justes et n'éprouve aucun sentiment de culpabilité : inconsciemment, il suit les règles du groupe, en l'occurrence sa famille. Comme vous le devinez, ce sentiment est fonction de l'appartenance au groupe : on a la certitude d'y avoir sa place. C'est une des grandes lois familiales.

Le simple fait de se sentir appartenir à un groupe nous disculpe des toutes les actions qu'on entreprendra en son nom, pour sa cohésion, pour sa survie ?

B.H. : C'est cela. Lorsque le sentiment d'appartenance est clair, on fait sienne la conscience du groupe, en l'occurrence de la famille — la famille est le groupe le plus fort, mais ça peut aussi être une bande, une armée, une communauté, un parti, une association, un syndicat, un gang... auquel nous prêtons allégeance et dont les valeurs deviennent les nôtres. *A contrario*, lorsque nous éprouvons la crainte de ne plus appartenir à ce système, nous avons mauvaise conscience. L'aspiration à appartenir au groupe constitue, dans des couches très profondes de l'inconscient, le principal moteur de nos agissements. Ma conscience, c'est le groupe ; c'est lui qui décide pour moi ce qui est bon ou mauvais.

En réalité, la bonne conscience est un besoin infantile. Enfants, nous avons tous éprouvé le profond besoin de nous sentir regardés, acceptés et approuvés par nos parents. Car ce qui pourrait nous arriver de pire était de nous retrouver exclus de notre famille. C'est pourquoi la force d'allégeance qui nous relie à elle est si colossale : pour n'être pas exclu et pouvoir survivre *dans le regard de nos parents*, nous sommes prêts littéralement à tout — et même, paradoxalement, à mourir ! Au stade de l'enfant, j'affirme que le moteur de ce processus est de l'amour pur. Cependant, à l'âge adulte, il nous faut nous libérer de ce regard que nos parents portent sur nous. Car il ne s'agit alors plus d'amour mais d'un mélange de peurs et d'habitudes. Évidemment, nous libérer ainsi, c'est courir le risque de nous engager sur une voie non conforme aux idéaux de nos parents, et ainsi de porter atteinte à leur amour-propre. Cette libération s'accompagne donc souvent d'un sentiment de mauvaise conscience. Je dirais même qu'à un certain niveau, aucune progression dans l'accomplissement de soi ne peut s'effectuer sans une certaine mauvaise conscience. La mauvaise conscience nous habite aussi lorsque nous avons le sentiment d'une dette trop grande vis-à-vis de notre groupe de référence, notamment une dette que nous ne pouvons pas payer à nos « ancêtres ».

Ainsi ai-je rencontré beaucoup de juifs survivants des camps de concentration qui vivaient dans une continuelle culpabilité vis-à-vis de tous ceux qui n'avaient pas survécu. Ils se comportaient comme s'ils refusaient de vivre. C'était leur façon — absurde mais compréhensible — de payer leur dette. Et cela apporte à notre constellation une lumière supplémentaire : tous les échanges doivent y être équilibrés : si j'ai reçu, je dois rendre ; si je donne, je dois recevoir en échange. C'est comme ça. Je ne peux que le constater. La loi des équilibrages est absolument incontournable. Je peux très bien, au nom de mon idée propre de la « liberté », déroger à toutes les règles de l'appartenance groupale ; mais je dois alors savoir qu'en aucun cas je ne pourrai ensuite me soustraire — et soustraire mes descendants — au nécessaire rééquilibrage, éventuellement très violent, de ce détournement. En ce sens, je trouve ridicule de limiter la thérapie transgénérationnelle, comme certains le font, au fait de s'arracher à son destin généalogique, de s'en libérer, de couper en quelque sorte les racines, qui ne seraient que des entraves. Selon moi, la libération de la personne passe au contraire par la reconnaissance de ses liens ancestraux. Nier ceux-ci, les détester, insulter ses parents et ses ascendants, les battre en pensée, donner libre cours à tous les sentiments négatifs que nous nourrissons à leur égard, tout cela ne peut conduire qu'à une chose : nous culpabiliser à un niveau inconscient, et nous amener à nous en punir.

Revenons à l'objectif d'une constellation. Il s'agit de rétablir un ordre dans le système familial... Ce qui signifie que certaines lois régissent cet ordre ?

B.H. : Effectivement, car chaque tragédie familiale repose sur une transgression des lois qui régissent ce système. Je vous ai déjà présenté une de ces lois : le sentiment d'appartenance et ses digressions. Lorsqu'un membre de la famille a été exclu, expulsé, il se passe forcément que quelqu'un, plus tard, se sentira inconsciemment impliqué dans le destin de l'exclu et reprendra l'exclusion à son compte... sans la comprendre — à moins d'effectuer la démarche d'une thérapie transgénérationnelle. La seconde loi systémique familiale concerne la présence : chacun doit avoir sa place, selon une hiérarchie chronologique bien définie. Cet ordre n'a rien de qualitatif. Il signifie simplement que les parents passent avant les enfants, et les aïeux, ou ascendants, avant leurs descendants. Ils ont donc un avantage sur eux. Personne ne peut se mêler des affaires de quelqu'un qui était là avant lui, sans que cela crée un désordre. Le cas du fils qui veut mourir à la place de la mère illustre bien ce propos, car il se mêle des affaires de sa mère. J'ai remarqué que toutes les tragédies empruntaient le même chemin : un descendant se mêle des affaires d'un aïeul, et cela avec bonne conscience. Pire, elle motive cette infraction. Mais la pression de la conscience du clan le fait échouer.

Bonne conscience, mauvaise conscience, conscience de clan : mais toute cette « conscience » est en réalité inconsciente ! Comment fonctionne, selon vous, celle du clan ?

B.H. : En fait, c'est assez simple. Dites-vous bien, primo, qu'il existe indéniablement une conscience de groupe ; secundo, que la conscience veille sur la mémorisation des données. Quelle que soit la nature des échanges entre humains, ceux-ci sont toujours guidés par une bonne ou une mauvaise conscience. C'est ce qui nous pousse à nous mêler des affaires de nos aïeux et à déroger à la règle. Lorsqu'on sait cela, on peut diriger sa conscience personnelle de manière à se mettre en harmonie avec la conscience du clan. Il est vrai que la conscience personnelle n'a pas le même but que la conscience du clan — que j'aime parfois appeler l'« âme collective ». Cette dernière peut être décrite comme une force, un principe qui nous pousse inexorablement à rechercher l'harmonie groupale, à rétablir l'équilibre collectif. La conscience de clan dépasse l'individu et veille à ce que personne ne soit exclu. Même si l'exclusion d'un membre semble justifiée d'un point de vue rationnel, la conscience de clan ne le tolérera pas et poussera la famille à réagir comme s'il s'était produit une injustice qu'elle doit expier. Pour que tout rentre dans l'ordre, il faudra donc impérativement que celui qui a été exclu retrouve sa place, au besoin sous la forme d'un substitut.

Une sorte de mémoire conservatrice qui cherche à ce que la figure première demeure, à ce que tout le monde reste à sa place !

B.H. : Oui, c'est ce que j'appelle l'« intrication systémique ». Il arrive parfois que la fille tienne le rôle de la mère de sa propre mère, notamment si celle-ci est malade ou dépressive. La fille se place donc au-dessus de sa mère. Mais cela constitue un vrai délit dans la conscience collective, car les rôles sont inversés, et cela engendre des problèmes psychologiques pour les individus de la famille. Or ce qui est extraordinaire c'est que l'ébranlement d'un système familial peut se ressentir sur plusieurs générations. Une jeune fille peut se trouver déstabilisée et endosser le sentiment de culpabilité d'une de ses arrière-grands-mères, qu'elle n'a jamais connue et dont personne ne lui a raconté la « faute » ! Au cours d'une constellation familiale, il faut redonner à cette personne exclue la place qui lui revient au sein de la famille. Dans le cas d'une arrière-arrière-grand-mère, j'introduirais sur scène plusieurs personnes, représentant plusieurs générations, pour remonter à l'origine du problème. Dès que l'aïeule exclue sera réhabilitée et acceptée — sa représentante manifestant un état de bien-être au sein de la constellation —, l'ordre sera rétabli dans la lignée.

Pour quels grands types de problème a-t-on recours à la technique des constellations ?

B.H. : Avant de vous répondre, je voudrais insister sur un ou deux points. D'abord, une constellation n'est ni un amusement ni un spectacle. On ne vient pas faire une constellation par curiosité. Les enjeux en sont bien souvent graves, car le patient souffre. Qu'il s'agisse d'une maladie, d'une tendance suicidaire, du deuil non fait d'une mère morte à sa naissance, bref de toutes sortes de situations où l'on se retrouve impuissant devant la souffrance, la constellation peut être une bonne technique. Évidemment, en aucun cas il ne peut s'agir de « régler ses comptes » avec tel ou tel membre de la famille. Pour cela, il existe de multiples thérapies de type « émotionnel », qui sont beaucoup plus efficaces.

Les situations où les constellations s'avèrent particulièrement utiles sont, par exemple, celles qui tournent autour de maladies de type cancer ou anorexie, de problèmes consécutifs à une adoption mais aussi à un viol... c'est assez varié. J'ai travaillé dans des prisons avec de grands criminels. Et je me suis occupé de problèmes de couples. Une constellation peut éviter une séparation... et en provoquer une autre. Celui qui veut partir suit peut-être inconsciemment le destin d'un membre de sa famille qui, jadis, a été obligé de quitter l'être aimé. Et celui qui reste le fait peut-être par loyauté vis-à-vis d'un ancêtre qui avait lâchement abandonné sa famille.

Vous dites que des patients atteints de maladies graves viennent vous consulter. Mais vous ne prétendez pas que la guérison soit le but d'une constellation ?

B.H. : Il arrive que la maladie corresponde à un désir d'expiation. Je me souviens d'un patient qui s'était identifié à son grand-père qui avait renversé et tué un enfant en voiture. La maladie permettait à ce jeune homme d'endosser la souffrance culpabilisée de son grand-père. En renonçant à porter cette culpabilité, sa santé s'est améliorée. Mais attention, je ne suis pas médecin et je vous le redis tout net : en effet la guérison n'est pas le but de la constellation. Mon travail consiste avant tout à rééquilibrer les forces ou les courants — appelez-les comme vous voudrez — qui agissent au sein de la famille.

Dans un certain nombre de thérapies notamment transgénérationnelles, on parle de pardon. Cette notion est-elle importante pour vous ?

B.H. : Lorsque quelqu'un pardonne, il se met « au-dessus des autres ». En fait, le pardon rend le « présumé coupable » encore plus coupable. Pour moi, la réconciliation réelle repose sur une reconnaissance des « torts » de chacun et s'accompagne d'un dialogue entre les personnes concernées.

Même si la personne concernée a vécu plusieurs générations avant nous ?

B.H. : Absolument. Et la constellation sert aussi à ça. À rétablir une communication par-delà le temps. Mais vous savez, si ces thérapies ne véhiculent pas d'amour, elles ne sont rien d'autre que des techniques et mènent à la banalisation. L'amour qui est en jeu ici n'a rien à voir avec celui que peut éprouver un homme pour une femme, ou un parent pour un enfant. Qu'est-ce qui *agit* vraiment dans la constellation ? Cette perception, qui me permet de saisir intuitivement l'essentiel sur la personne observée, cette perception n'est pas que réceptive. Elle crée aussi une force qui agit de façon manifeste. Je dis, moi, que c'est l'amour qui permet au processus d'opérer. Lui seul peut amener des êtres qui se sont recroquevillés à consentir à leur destin, à leur famille. Bien sûr, l'intimité qui naît de cette forme de perception n'est possible que si l'on observe une certaine distance. La distance du véritable amour, qui n'est pas fusion, mais respect et écoute attentive.

Diriez-vous qu'il s'agit là d'une attitude spirituelle ?

B.H. : La notion de spiritualité est toujours difficile à cerner. Grâce à ces thérapies transgénérationelles, nous pouvons changer notre vision du monde et nous ouvrir en effet à une forme de connaissance spirituelle. Du point de vue de la phénoménologie, la question est d'accepter sa vie, son destin, tel qu'il se présente. On se met au diapason, on ne résiste pas. Un tel accord donne la force intérieure qui permet de garder une vraie sérénité, même sous les pressions les plus violentes. Lorsqu'on travaille sur les liens subtils que l'on entretient avec sa lignée, thérapeute ou patient, on déchiffre de façon beaucoup plus claire l'immense aventure de la vie.

Parler d'un travail « d'âme à âme » doit choquer bien des thérapeutes — qui doivent y voir des restes de votre passé de prêtre. À quoi bon prendre le risque de les choquer et de vous fermer à eux ?

B.H. : À partir d'une certaine époque, j'ai senti que ma tâche ne se situait plus dans le sacerdoce et la prêtrise. Mais je ne regrette rien de mon passé et demeure très attentif et respectueux vis-à-vis de mon Église d'origine. Même si je n'étais plus croyant, je crois qu'il en irait de même. Je comprends fort bien le geste de Martin Heiddegger, dont on dit qu'il continuait à tremper sa main dans le bénitier et à faire signe de croix et génuflexion quand il entrait dans une église, alors même qu'il avait perdu la foi. Selon moi, il le faisait par respect pour ses ancêtres.

Quant au mot « âme », il touche à ce qu'il y a de plus profond en nous. C'est un niveau mystérieux, dont il m'est impossible de prétendre connaître la nature ultime. Il est certain qu'à un certain niveau nous ne sommes pas des individus séparés et que nous nous rejoignons sur le fond. Sans doute est-ce à ce niveau que se joue une communication « d'âme à âme »... L'âme dépasse de beaucoup l'individu. Je n'ai pas de point de vue idéologique sur cette question. C'est un phénomène que je constate.

Vous vous situez au-delà de la morale...

B.H. : Aborder une constellation en partant de préjugés moraux rendrait toute action vaine. Même dans des cas criminels, la question n'est pas de juger en termes de bien ou de mal, mais de retrouver le contexte où le crime s'est produit. Je pourrais vous citer le cas d'une relation incestueuse qui, mise en constellation, a permis à la femme qui en avait été victime de reconnaître qu'elle avait rempli une fonction en remplacement de sa mère et que, quoi qu'il fût arrivé, elle continuait d'aimer chacun de ses parents et pouvait, ayant posé les différents échanges sans haine, se libérer des attaches incestueuses qui l'aliénaient et laisser ses parents entre eux. Du mal peut naître du bien. Ainsi, si un enfant naît d'un viol, cet enfant sera bien obligé de reconnaître que son père est son père, et qu'il n'en a pas d'autre — et la mère de cet enfant devra, à un certain niveau, *aimer* l'homme qui l'a violée, c'est-à-dire respecter en lui le père de son enfant. Si elle ne le faisait pas, elle nierait quelque chose d'essentiel dans son enfant, au détriment de celui-ci et de sa lignée. Il ne s'agit pas ici d'être amoureuse de son violeur, mais de conjuguer le verbe aimer à son niveau supérieur, où l'amour correspond à une force supérieure à tout. La faute du violeur n'en est pas effacée pour autant, mais elle se trouve replacée dans un contexte plus grand.

Quid *du travail d'intégration finale ? Vous relâchez éventuellement des gens dans la rue sans qu'ils aient pu verbaliser ce qui s'était passé pendant leur séance de constellation ?*

B.H. : Disons d'abord que certaines personnes en sont à un stade tel de leur évolution personnelle qu'elles préfèrent continuer à supporter une souffrance connue, plutôt que de prendre le risque de s'ouvrir à un bonheur inconnu. Lorsque l'on souffre assez longtemps pour une mauvaise cause, on finit par se dire que celle-ci n'est peut-être pas si mauvaise que ça... au lieu de comprendre qu'il est grand temps de changer ! Cela dit, bien souvent, quand une constellation est interrompue avant d'aboutir — parce qu'elle est bloquée dans une impasse et que je décide d'y mettre un terme, ou parce que le patient dont nous « constellons » le cas se fâche et s'en va —, je constate que, quelques heures ou quelques jours plus tard, la personne me contacte pour me signaler qu'un travail de fond s'effectue en elle-même, avec des remises en cause diverses. En ce cas, la constellation a servi de déclencheur à un processus inconscient plus long, mais extrêmement utile. La question est de savoir si l'âme suivra et si l'on est prêt à laisser derrière soi les bénéfices secondaires de la souffrance. C'est parfois très pénible.

Quand on en arrive à la fin d'une constellation, quand enfin la combinaison a été trouvée et qu'une sérénité générale s'est installée, il arrive que vous demandiez au patient, c'est-à-dire au sujet dont la situation et la famille sont représentées sur scène, de quitter sa chaise de « spectateur » pour venir prendre la place de la « doublure » qui le représentait...

B.H. : Oui, pour recevoir en quelque sorte la bénédiction de sa lignée. C'est alors pour cette personne un formidable bain de régénérescence ! Mais il arrive aussi que la personne ne puisse assumer de recevoir ce cadeau — c'est trop fort, ou trop tôt. On ne peut pas la forcer à actualiser en elle, sur l'instant, la fenêtre d'opportunité que la constellation a ouverte dans le champ de ses possibles.

Est-ce pour bien marquer que l'ordre « normal », ou « chronologique », ou « ancestral », a été retrouvé que vous tenez beaucoup, dit-on, à ce que les plus anciens bénissent leurs descendants en fin de constellation ?

B.H. : Oui. Lorsqu'un enfant s'incline devant son père et que celui-ci lui donne sa bénédiction, ils se remettent dans le courant de la vie et s'y soumettent. Le geste du père bénissant son fils va bien plus loin que leur simple relation interpersonnelle : de fait, c'est toute la lignée qui, par le père, reconnaît le fils. Le père ne sert en somme que d'intermédiaire. Je ne nie pas qu'il s'agit là d'un acte religieux, au sens le plus ancien de ce mot : il *relie* les vivants et les morts par un courant de conscience et d'amour. En ce sens, on peut dire que la Constellation Familiale a quelque chose d'une liturgie. C'est pourquoi il est si important de ne la pratiquer qu'avec grande connaissance et profond respect.

4.

Fantômes et anges au pays des ancêtres

RENCONTRE AVEC DIDIER DUMAS

Ses dix années de travail avec les enfants psychotiques, au début de sa carrière, furent saluées comme exemplaires. Psychanalyste qui, après des études d'acupuncture, poursuit ses recherches dans le chamanisme, Didier Dumas se situe dans la lignée de Françoise Dolto, qui préfaça son premier ouvrage, *L'Ange et le Fantôme*[1]. Depuis, il a publié de nombreux livres qui tous font référence, dont *La Sexualité masculine*[2]. *Et l'enfant créa le père*[3], *La Bible et les fantômes*[4]. Utilisant notamment le concept de « fantôme » élaboré par Nicolas Abraham et Maria Torok, Dumas explique comment celui-ci se transmet d'une génération à l'autre, dans une approche extrêmement rigoureuse de la connaissance du langage, du corps et de leurs résonances transgénérationnelles — un domaine dont Freud décida de se dispenser, ignorant jusqu'aux grands-parents, quand les taoïstes chinois mesurent un destin sur neuf générations, et la Bible sur les trois ou quatre, auxquelles les *fautes des pères* sont obligatoirement transmises.

Si Didier Dumas a pu entreprendre d'utiliser un siècle de

1. Éd. de Minuit.
2. Éd. Albin Michel.
3. Éd. Hachette-Littératures.
4. Éd. Desclée de Brouwer.

recherches sur la psychose et la névrose, pour aider la sexualité occidentale à devenir adulte — et ainsi offrir une suite spirituelle au matérialisme qui, selon lui, ne parvient pas à expliquer comment l'enfant intègre la sexualité et la mort —, c'est que sa trajectoire personnelle l'a amené à côtoyer de très près les zones qui jouxtent la folie et la mort. Parti d'une approche purement sensible et artistique, il a rapidement franchi les grandes étapes de l'initiation psychanalytique, pour déboucher sur une vision absolument singulière, où la science renoue avec les plus anciennes traditions, et où la synthèse de la jouissance et de la compassion métamorphose l'aveuglement de la souffrance ancestrale en tremplin de conscience et d'amour.

Didier Dumas, vous qui avez été l'un des pionniers de l'approche transgénérationnelle, n'êtes-vous pas frappé par la soudaine prolifération des recherches et des pratiques qui reprennent cette approche depuis quelques années ?

Didier Dumas : La vraie question est de savoir, non pas pourquoi le transgénérationnel réapparaît aujourd'hui en de multiples endroits, mais plutôt pourquoi il avait si abruptement disparu de toute la pensée occidentale. Tout se passe comme si l'évolution des sciences et des techniques, déjà à partir du XVIIIe siècle et massivement à partir du XIXe, avait tourné la tête à l'homme moderne et que celui-ci s'était littéralement oublié, laissant à l'abandon l'endroit même où il est un mystère et où se rejoignent sa sexualité et son rapport aux ancêtres. Aucune autre civilisation ne s'était négligée à ce point. Toute la pensée chinoise, toute la pensée amérindienne, toute la pensée africaine, toute la pensée australienne...

sont ouvertes au transgénérationnel — et font de la sexualité l'une des bases de la santé. Chez nous, il a fallu un siècle pour que la psychanalyse redécouvre ces bases évidentes du fonctionnement humain. Pourquoi si longtemps ? C'est une vraie question.

Quel rapport entre le sexe et les ancêtres ?

D.D. : Le non-dit (ou l'impensé) transgénérationnel, que l'on appelle un *fantôme* et qui cause des dégâts considérables en se transmettant aux descendants, cache essentiellement des questions de sexe et de mort. Il est donc capital de comprendre que nous venons d'une société qui, à partir de la Révolution française, est peu à peu devenue sexuellement très malade. Rappelez-vous que, sous Louis XIV, les Français faisaient encore l'amour en public, ou en famille, et que le roi lui-même s'accouplait avec la reine au vu et au su de tous ! La vague puritaine commence à tout geler à partir du siècle des Lumières, en se fondant sur les thèses anti-masturbatoires de la nouvelle médecine qui, en y voyant le pire des fléaux, a abouti à une torture généralisée des enfants. Peu à peu, on s'est mis à confondre la science et Dieu — on s'est pris pour des maîtres qui, armés par elle, pouvaient tout résoudre et tout dominer. Arrivé au XIXe siècle, cet obscurantisme moderniste devient franchement terrorisant. Le corps humain et le sexe sont littéralement torturés, à une échelle inouïe, sous l'empire d'une sorte d'alliance perverse entre les prêtres, les médecins et les mères de la bourgeoisie catholique, dans laquelle les médecins s'avéreront pires que les curés. Ce qui a engendré, on ne le dit jamais assez, deux pathologies de masse : l'hystérie maternelle et le fétichisme des pères — avec d'un côté la Vierge Marie et de l'autre les maisons closes ! C'est dans ce contexte qu'est née la psychanalyse de Sigmund Freud, dont on ne peut que se réjouir de l'avènement, mais dont il faut bien comprendre qu'elle avait pour seule référence anthropologique « normale » une gigantesque maladie humaine : une humanité coupée en deux. La maman et la putain ! Et dans ce chaos absolument spécifique à l'Occident, la façon dont se transmet la « maladie des ancêtres » est totalement passée à la trappe.

Avant de vous demander ce qu'est cette maladie, une réserve : Freud avait tout de même reconnu qu'il fallait deux ou trois générations pour fabriquer un psychotique, non ? Quelque chose de la dimension transgénérationnelle l'avait donc bien atteint...

D.D. : Même les mots « grand-père » et « grand-mère » ne figurent pas dans toute son œuvre théorique ! C'est effectivement une question qu'il s'est posée au tout début de ses recherches. On la retrouve dans les lettres à son ami Fliess. Mais dès qu'il architecture sa théorie, il rejette radicalement cette façon de considérer la maladie mentale. La seule chose qui en tienne lieu, dans son œuvre, est le concept de Sur-Moi. Freud n'était pas psychiatre, mais neurologue. Il n'a jamais analysé de psychotiques. C'est l'une des choses qui l'opposent à Jung qui, lui, était psychiatre et les prenait en cure. Freud n'ignorait pas que des troubles mentaux puissent se transmettre dans des relations de filiation, mais c'est quelque chose qu'il rejeta ensuite très catégoriquement. Lou Andréas-Salomé l'interrogea sur cette question. Que lui répondit Freud ? « J'espère que je n'aurai pas à m'occuper de cela de mon vivant. » Pourtant, Salomé lui apportait des cas cliniques semblables au sien.

Freud, dont le petit frère était mort d'une maladie d'estomac, souffrait de maux d'estomac terribles tous les dimanches matin, avant d'aller déjeuner chez sa mère. Il était lui-même hanté par la mort de ce petit frère, mais, malgré cela ou, justement, à cause de cela, il ne voulait rien entendre. Ses disciples et successeurs non plus. Il est toujours stupéfiant de constater à quel point la succession d'un génie peut déboucher sur une assemblée de conservateurs momifiés qui fétichisent les idées du maître et ne comprennent rien en dehors de ce que celui-ci leur a appris. Le problème est que, souvent, leur fétichisme (théorique) s'applique aux sections les plus pauvres de sa pensée ! Ainsi, par exemple, axer toute la psychanalyse sur la théorie de la *castration*, pour ensuite appliquer celle-ci à l'enfant, n'a aucun sens. Chez l'enfant, cette théorie, voulant qu'il ait peur que le père le châtre, n'a de sens que s'il a correctement été informé de la fonction de son sexe. Or la plupart des thérapeutes ne s'en rendent pas compte, puisqu'ils vont même jusqu'à l'appliquer aux filles. Il est absurde d'appliquer sans autre formule, aux enfants, des concepts élaborés dans la clinique de l'adulte. Il est un fait que cela a empêché plusieurs générations de thérapeutes de comprendre qu'un enfant ne peut pas se construire harmonieusement s'il ne sait pas qu'il sort aussi des testicules de son père ! Si l'enfant n'a pas été informé de cela, il ne vit pas son père comme un père, mais comme un « compagnon de mère ». Or un compagnon de mère, on essaie, soit de le séduire, soit de l'éliminer. Et si cet enfant a des problèmes, mettons à l'école, le psy consulté a toutes les chances d'en conclure : « Pas de souci, votre enfant fait juste son œdipe. » Mais il ne demandera jamais aux parents : « Votre enfant sait-il bien qu'il est sorti des testicules de son père ? » Vous savez, dans bien des cas, je me suis aperçu qu'un grand nombre d'enfants avaient été sauvés par un grand-père un peu sénile et grivois qui, en racontant des tas de cochonneries à la cantonade, les avait indirectement informés de l'existence de la sexualité ! Mais Freud ignorait que la psyché familiale est une entité propre, agissant au même titre que la psyché individuelle...

Voulez-vous donc dire que l'approche transgénérationnelle est plus jungienne que freudienne ?

D.D. : Non : les jungiens n'ont pas de théorie du fonctionnement de la psyché collective. Nommer un inconscient collectif sans avoir compris comment fonctionne la conscience collective, c'est comme bâtir une maison sans fondations. L'inconscient transgénérationnel repose sur des structures mentales à la fois individuelles et collectives. Notre esprit se construit dans la relation à l'autre (d'abord à la mère et au père). Il ne prend existence que dans le « Deux » : la communication et la relation aux autres. Dans le « Un », il n'existe pas. Métaphoriquement, nous avons deux yeux, deux oreilles, deux mains, deux cerveaux qui font que nous sommes sans arrêt en dialogue avec nous-mêmes. Si vous observez comment vous pensez, vous le faites sans cesse en vous dédoublant. Il n'y a pas d'existence mentale dans le « Un ». Et cela dès le départ, car le bébé vit, jusqu'à l'acquisition du langage, dans une psyché communautaire qui lui permet d'être tour à tour « moi-maman », « moi-papa », « moi-ma grande sœur » ou « moi-la personne qui s'occupe de moi ». Ce n'est qu'ensuite que s'édifie la psyché individuelle : *grosso modo* vers trois ans, à partir du moment où l'enfant se met à parler, découvre que les images qu'il a dans la tête ne sont pas les mêmes que dans celle de sa mère, et acquiert la faculté de mentir. Cela dit, comme la journaliste Nina Canault le montre bien dans son livre *Pourquoi paye-t-on les dettes de ses ancêtres*[1], — où elle présente tout un éventail de recherches en sciences psychologiques et sociales —, l'approche transgénérationnelle permet de résoudre la vieille polémique entre Freud et Jung. Schématiquement, je dirais que Freud ne pouvait accepter l'inconscient collectif proposé par Jung, dans la mesure où il n'avait pas, au préalable, défini ce que pouvait être le *conscient collectif.* Mais ces vieilles querelles ne tiennent plus si l'on considère, comme je l'ai montré, que la psychanalyse transgénérationnelle était déjà magistralement esquissée dans le texte biblique...

C'est là votre dernier chantier, nous y reviendrons. Mais, avant cela, pourriez-vous préciser ce que vous appelez « fantôme » ?

D.D. : En fait, si le travail avec les enfants psychotiques m'a conduit à m'intéresser au taoïsme, à l'acupuncture et au chamanisme, c'est en grande partie parce qu'on s'y préoccupe des morts, c'est-à-dire de tous nos proches, parents, amis ou aïeux, qui sont « mal morts » et qui, d'une manière ou d'une autre, continuent, de ce fait, à nous hanter. En voulant à tout prix se démarquer des religieux et en adoptant un vernis scientifique, la psychanalyse freudienne a, en quelque sorte, fait l'im-

1. Éd. Desclée de Brouwer.

passe sur la mort. Elle s'est intéressée au deuil. Mais s'alignant sur les scientifiques, elle s'est bien gardée d'explorer ce que sont les représentations de l'Au-delà dans l'esprit humain, ni à quoi elles servent. Comme si elle avait limité la mort à sa dimension matérialiste : le cadavre. Or, l'être humain ne peut pas vivre sans un système de représentations de la mort qui, de plus, est indissociable de sa sexualité. C'est en ce sens que se préoccuper de ceux de nos morts qui ne peuvent pas tranquillement « continuer leur route » est un travail d'hygiène mentale. Celui-ci a été, de tout temps, considéré comme aussi essentiel qu'indispensable. Ce, dans l'intérêt de tous : du défunt comme de ceux qui lui survivent ; et dans toutes les cultures — sauf la nôtre, où le matérialisme tend à limiter le rapport au défunt à la qualité du « sac-poubelle » dans lequel on l'emballe. Les conséquences que cela implique sont énormes. Nous sommes perclus d'agonies et de deuils non faits ou mal vécus, hantés par toutes sortes de pathologies ancestrales qui, si j'en juge par ce que m'ont appris mes clients, provoquent des troubles que seuls les médecins énergéticiens semblent savoir soigner. Heureusement, depuis quelques décennies, notre monde a redécouvert l'accompagnement des mourants, et un travail de fond recommence à se faire, sur le rapport aux ancêtres et le transgénérationnel qui, chez la plupart des auteurs, part de ce que Nicolas Abraham a appelé un *fantôme*.

Vous voulez dire que nous sommes « hantés » par tous ceux des nôtres qui sont morts sans avoir pu régler leurs plus gros problèmes émotionnels et psychiques ?

D.D. : Toutes sortes de troubles peuvent en effet avoir pour cause le fait que les morts de la famille n'ont pas pu, avant de mourir, se délivrer de leurs traumatismes : de leurs souffrances autant que de leurs illusions. Dans les termes de Nicolas Abraham, le fantôme est « une pathologie de l'inconscient qui se transmet d'inconscient à inconscient dans les relations de filiation ». Ce concept modifie considérablement la vision psychanalytique. Puisque, pour Freud, l'inconscient n'est constitué que des vécus oubliés de notre petite enfance. Chez Nicolas Abraham aussi il s'agit de vécus oubliés, mais ceux-ci peuvent concerner nos parents ou des ascendants plus éloignés, même à plusieurs générations de nous.

Aujourd'hui, nous pouvons être plus précis : le fantôme est toujours un traumatisme concernant le sexe ou la mort — et rarement autre chose. Un traumatisme qui se transmet aux générations suivantes sous forme de « secret de famille ». Ces traumatismes individuels peuvent évidemment s'associer à des traumatismes collectifs, guerres, déportations, etc. Par exemple, j'ai personnellement vécu une expérience bouleversante, en découvrant au musée du Désert, près d'Anduze, dans les Cévennes, que mes ancêtres protestants avaient subi l'équivalent d'une Shoah, après la révocation de l'édit de Nantes, quand les dragonnades exterminèrent tout ce qui n'était pas catholique en France. Ces massacres étaient, dans mon histoire, totalement occultés par un autre fantôme dont j'avais hérité enfant : le fantôme d'Auschwitz.

Cette dimension collective de la transmission des traumatismes, ni Freud ni Nicolas Abraham ne l'ont perçue. Ceci alors même que nos structures mentales ne sont que très partiellement individuelles. Tout ce que

Freud a appelé le Sur-Moi est en fin de compte de la psyché collective. En clinique, le fantôme n'est donc pas un ancêtre mal mort qui chatouille les pieds de ses descendants, mais une structure émotionnelle, familiale ou collective faisant qu'on ne l'a pas vraiment enterré. Très schématiquement, on peut dire que le fantôme agit comme une « *gestalt* énergétique » : une « forme émotionnelle », familiale, culturelle ou sociale, que l'enfant a dupliquée, en construisant ses structures mentales dans celle de ses parents. Or ceci s'effectue à l'époque où l'enfant, ne parlant pas encore, bénéficie d'une psyché communautaire qui est celle des structures familiales dans lesquelles il est né. Le fantôme est un objet de la structure familiale, avant d'être celui qui se transmet à l'enfant. C'est cet aspect collectif qui fait qu'associé au chamanisme, l'analyse transgénérationnelle soigne tout à la fois les morts et les vivants. Le chamanisme remédie, pour moi, à ce qui manque dans la psychanalyse. Contrairement à elle, il dispose d'un savoir sur la mort qui ne la limite pas au cadavre. Et la clinique des ancêtres « mal morts » y est *grosso modo* la même que dans le taoïsme. Mais, au niveau des vivants, la psychanalyse transgénérationnelle est surtout la seule susceptible de créer une clinique de la parentalité efficace.

Pourrait-on dire que cela constitue une forme sophistiquée de thérapie familiale ?

D.D. : Non, pas du tout. J'ai élaboré ma vision du transgénérationnel en analysant des enfants dans une optique qui est celle qu'a ouverte Françoise Dolto. Et en ce qui concerne la thérapie familiale, je ne sais que ce qu'elle en disait : que cette approche « écrasait le vertical sur l'horizontal ». Elle faisait allusion aux thérapies systémiques, qui ont tendance à rabattre toutes les générations sur le même plan, les parents se retrouvant au même niveau que les enfants, et les thérapeutes occupant, eux, la position supérieure des parents. Ce qu'elle considérait comme une catastrophe. Et sur ce point, je suis bien d'accord avec elle.

Françoise Dolto fut l'un de mes seuls modèles. Elle m'a fait l'honneur de préfacer mon premier livre. Elle fut la première analyste à dire que la psychose devait se réfléchir sur trois générations. Et la façon dont elle s'obstinait à être le porte-parole des enfants, alors même que personne ne la comprenait, est exemplaire. Ce n'était pas quelqu'un qui perdait son temps à discuter théorie. Mais elle n'avait pas peur de parler. Lorsque je lui ai demandé comment elle avait pu supporter l'histoire assez violente et passionnelle de la psychanalyse qui avait abouti à son exclusion de l'Association internationale de psychanalyse, avec Lacan, elle m'a répondu qu'elle en avait été protégée du fait qu'elle avait une « structure de débile ». Et, en m'expliquant cela avec beaucoup de sérieux, elle en a profité pour me faire un cours sur la débilité. Voilà, à mon sens, ce que veut dire « être analysé ». Ce n'est pas être devenu différent de ce qu'on était. C'est avoir acquis une lucidité sur soi-même qui permette d'en faire quelque chose !

Aujourd'hui, la « cause transgénéalogique » semble entendue. Chaque semaine paraît un nouveau livre sur le sujet, s'ouvre un nouveau stage, s'annonce une nouvelle école... Cela devient même une mode : de même que dans les années soixante-soixante-dix, il fallait absolument être lacanien, aujourd'hui il faut absolument être « transgénéalogique » !

D.D. : Quand *L'Ange et le Fantôme* est sorti, en 1985, ce mouvement était encore dans les limbes. La France est un pays excessivement psychanalysé et la place des ancêtres y était niée. Aujourd'hui, les résistances craquent et mes livres se vendent. Pas seulement les miens ! Pour ne citer que le plus célèbre, *Aïe mes aïeux !* d'Anne Ancelin Schützenberger a dépassé, je crois, les deux cent mille exemplaires ! Anne Ancelin fait, pour moi, partie de ces femmes qui, comme Françoise Dolto, Élisabeth Kübler-Ross ou Simone Veil, ont modifié notre conception de l'homme et du monde, au XXe siècle. Son talent particulier est d'avoir su rester totalement libre d'esprit et d'avoir pu ainsi développer une puissante vision historique des choses. Ce n'est pas par hasard qu'elle fit l'une de ses premières découvertes transgénérationnelles en se rappelant la date précise d'une bataille de la Première Guerre mondiale, où le grand-père d'une de ses patientes avait été gazé. Elle-même fut une militante active de la résistance contre les nazis, pendant la Seconde Guerre.

Cela dit, si Anne Ancelin Schützenberger met le doigt, dans son travail clinique, sur le « fantôme » qu'a défini Nicolas Abraham, elle ne parvient pas davantage que lui à préciser de quelle façon celui-ci se transmet. Si je pense y être parvenu, c'est parce que les enfants autistes me l'ont appris. Or, les enfants autistes, ou plus simplement « fous », comme par exemple le petit Pierre, que je cite de nombreuses fois dans mes livres, m'ont magistralement fait comprendre que l'œdipe était un processus transgénérationnel et non pas individuel. Parce que, pour soigner un enfant atteint de troubles mentaux, vous êtes obligé de recevoir ses parents, sa famille, tous ceux avec qui il vit. Et qu'ainsi vous réalisez bien mieux comment les choses se transmettent d'une génération à l'autre. Il manquait jusqu'ici une théorie de ce travail de transmission. La clinique transgénérationnelle nous la fournit. Elle nous permet de comprendre que la transmission de l'esprit implique le croisement de deux lignées. Et qu'à la base de la construction œdipienne, il y a obligatoirement la façon dont l'enfant duplique l'œdipe de ses deux parents...

Ce qui explique, selon vous, la façon dont le fantôme se transmet de génération en génération ?

D.D. : Oui. Il se transmet à partir d'une activité mentale inconsciente de nature empathique ou télépathique, qui est celle qui est à l'œuvre dans la psyché du fœtus et du petit enfant et qu'on appelle l'*activité mentale originaire*. La psyché individuelle ne se forme que vers trois ans. Jusque-là le bébé vit dans une psyché communautaire qui est celle de sa famille. Cette activité mentale permet alors un mécanisme de structuration psychique appelé le « processus originaire. » L'*Originaire* est une dynamique mentale qui permet d'être tout à la fois soi-même et l'autre. Cette dynamique est celle à l'œuvre dans l'*identification*, qui permet à l'enfant de dupliquer les structures mentales de ses parents. Un enfant n'apprend pas à parler. Il duplique la langue de ses parents, et ce faisant, il reproduit leurs fonctionnements mentaux. L'*Originaire* est ainsi le processus par lequel nous intégrons psychiquement les autres. Ce qui implique un fonctionnement continu, sans fin, dans lequel la psyché se construit comme le corps, en puisant en permanence des matériaux à l'extérieur de soi.

À sa base, l'esprit est familial et communautaire.

C'est pourquoi un psy peut difficilement travailler avec un enfant sans ses parents, et qu'il est dangereux, comme nous l'a appris Françoise Dolto, de recevoir un enfant de moins de sept ans sans ses deux parents !

Mais pourquoi dites-vous que ce sont les enfants autistes qui vous ont permis de comprendre comment les fantômes se transmettent de génération en génération ?

D.D. : Vous savez, sitôt que l'on parvient à entrer dans leur langage, on s'aperçoit que les enfants psychotiques ne travaillent qu'une seule chose : le passé généalogique de leur famille, dont ils explorent inlassablement l'inconscient. Ce que nous appelons des « symptômes psychotiques » ne sont en réalité rien d'autre que le retour de processus mentaux qui, à l'origine, sont ceux du bébé. Si la psychanalyse s'était constituée à partir de la clinique des enfants et non de celle des adultes, elle aurait compris cela beaucoup plus vite. Actuellement, elle est encore dominée par l'œuvre de Lacan, qui — comme nous l'avons montré avec Willy Barral dans *Françoise Dolto, c'est la parole qui fait vivre*[1] — ne considère la psyché de l'enfant qu'à partir du « stade du miroir », c'est-à-dire après dix-huit mois. Lacan ne s'est jamais penché sur la psyché originaire. Celle qui l'a fait avant moi est l'une de ses élèves, Piera Aulagnier, mais pour cela, elle a dû le quitter et fonder une autre école que la sienne. Bref, Lacan ne s'est, pas plus que Freud, intéressé à ce mal universel que les cultures traditionnelles appellent la

1. Éd. Gallimard.

« maladie des ancêtres » et qui, pour moi, est devenu incontournable dans le travail avec les enfants fous.

Par exemple, c'est grâce à Alice, qui me le montrait à travers son corps souffrant, que j'ai pu comprendre ce que devient un enfant lorsqu'il est le produit d'une *forclusion de la féminité*[1] qui remonte à trois générations. À quatorze ans, Alice, qui vivait ses règles comme une blessure, se livrait, en séance, à des strip-teases déchaînés, où se mêlaient la morve, le sang et la douleur d'un sexe banni comme celui du diable.

Il y a aussi eu Jean-Michel, qui a été l'une des cures les plus éprouvantes de cette époque. Il avait dix-neuf ans. Il était mutique comme une tombe. Dès sa naissance, il avait radicalement refusé de regarder sa mère dans les yeux. J'ai mis deux ans à comprendre que son refus de s'incarner dans la parole s'expliquait par le suicide, au retour de la guerre de 14-18, de ses deux arrière-grands-pères maternels. Ces deux hommes avaient été démobilisés en même temps. À leur retour, tous deux avaient constaté que, pendant la guerre, leurs femmes s'étaient fort bien organisées entre elles, et qu'il n'existait plus aucune place pour un homme dans leurs foyers.

Il y avait aussi Claude, qui m'a fait découvrir quelque chose dont je n'ai eu les clefs que beaucoup plus tard, en travaillant sur les vécus au cours de comas profonds (les NDE) et dans le chamanisme. C'était une fillette qui sortait à volonté de son corps. Elle me l'a fait

---

1. Forclusion : dans le vocabulaire psychanalytique, ce mot désigne une absence de prise en compte d'un secteur du réel par les processus de symbolisation, ce qui représente un mécanisme de défense spécifique des psychoses (Larousse).

comprendre au moment de la mort de son père, qui vivait au loin, et alors que sa mère nous avait, à tous deux, caché qu'il était à la dernière extrémité. Sans compter le petit Pierre, qui avait été déclaré psychotique, alors que ses symptômes provenaient du fait que ses parents ignoraient tous deux le rapport existant entre faire l'amour et avoir des enfants.

Pourriez-vous préciser le lien exact que vous voyez entre cette ignorance et la pathologie de l'enfant ?

D.D. : La construction mentale de l'enfant ne dépend pas du coït qui lui a donné corps. Elle dépend de la façon dont ses parents l'ont mentalement conçu. Ceci, en en rêvant ou en en parlant, c'est-à-dire en lui accordant, dans le langage et dans l'ordre familial, une place qui déterminera son destin et sa vie. N'avez-vous jamais perçu l'anxiété d'un enfant entendant ses parents raconter un événement datant d'avant sa naissance : « Et moi, demande le petit avec force, j'étais où ? » Si ses parents lui répondent : « Tu n'étais pas là », l'enfant devient blême et dépressif. Mais s'ils lui disent : « Tu n'étais pas encore là, mais tu étais déjà dans notre cœur », il retrouve aussitôt son sourire. Savoir qu'il existait déjà dans le désir de ses parents est très important pour l'enfant. Lorsqu'il le découvre, c'est une sorte de révélation. Car cela lui prouve que son existence mentale est antérieure à son existence physique, c'est-à-dire que l'on peut exister dans le désir de ses parents sans pour autant exister dans un corps, sur le mode où il continue à exister pour eux quand il dort.

Nous avons tendance à considérer que l'utérus de la mère est, non seulement la matrice de notre corps, mais aussi celle de nos structures mentales. D'un point de vue psychanalytique, c'est tout à fait faux : ce qui détermine notre santé ou nos troubles psychiques, mais aussi notre destin, et donc toute notre vie intérieure, est l'activité psychique avec laquelle nos parents nous ont faits. La matrice de notre corps est effectivement l'utérus de la mère, mais la matrice de nos structures psychiques est l'ensemble des activités mentales, conscientes et inconscientes, prononcées et non prononcées, les paroles, mais aussi les fantasmes, qui ont fait que deux cellules ont pu se rencontrer et donner un embryon. Cela vaut pour la construction œdipienne de l'enfant comme pour tout ce qui concerne son rapport à la vie et à la mort : c'est parce qu'il peut se représenter un temps où il existait déjà potentiellement, *avant sa naissance*, dans le désir de ses parents et le langage — et symboliquement, je dirais : dans les testicules de son père —, que l'enfant pourra, par la suite, penser que l'on peut aussi continuer à exister *après la mort*, dans le langage. Un parent mort, on peut toujours lui parler... Il faut comprendre cela pour saisir dans quel genre de béance errait ce petit Pierre dont les parents ignoraient tous deux le rôle des testicules dans la reproduction. Lorsqu'on a un père qui ignore ainsi sa place dans la reproduction, cela permet de s'incarner dans son corps physique, mais pas dans son corps mental. Or ce genre de failles marquant la conception de l'enfant est monnaie courante dans la clinique des enfants psychotiques.

Cette malédiction que fait peser l'« impensé généalogique » se retrouve dans vos travaux sur la Bible... Venons-en donc à ces fantômes-là, qui vous ont tant occupé ces dernières années !

D.D. : Trois choses m'ont poussé à essayer de percer le sens originel des mythes bibliques : primo, la lecture que Dolto a faite des Évangiles ; secundo, la découverte du martyre de mes ancêtres chrétiens, au musée du Désert dans les Cévennes, dont je vous ai parlé ; et tertio, la lecture d'un livre sur le *Syndrome d'Auschwitz*, signé d'un matricule de déporté, Ka. Tzetnik 135633 : *Les Visions d'un rescapé*[1]. Pour tenter d'échapper aux cauchemars qui continuaient à le torturer, trente ans après la libération des camps, son auteur, Yechiel De-Nur avait accepté une thérapie sous LSD, en Hollande. Cet homme souffrait de choses assez semblables à ce dont j'ai vu souffrir le second époux de ma mère qui était aussi un rescapé des camps nazis. J'ai passé toute mon enfance à écouter ce beau-père raconter les horreurs qu'il y avait vécues. Le livre de Yechiel De-Nur me concernait donc de près. Celui-ci se soigne en revisitant la conception du monde qu'il s'est forgée, enfant, dans la lecture de la Genèse. Et comme le LSD lui en offre une vision très différente de celle que lui ont inculquée les rabbins, il était logique que je me plonge dans cette mythologie. Bref, la première chose que j'y ai découvert est que non seulement toute la psychanalyse contemporaine était déjà inscrite dans la mythologie de la Genèse, mais que le « Livre des livres » est surtout un ouvrage de théorie transgénérationnelle, qui n'a rien à envier aux recherches les plus récentes en la matière. Dieu s'y définit comme l'instance responsable du fait que les fautes des pères se transmettent sur trois ou quatre générations. Or, c'est exactement ce que l'on trouve en clinique : pour soigner un enfant psychotique, il faut

1. Éd. Hachette.

remonter sur trois générations, et certaines fois quatre, comme dans le cas de cet autiste de dix-neuf ans, Jean-Michel, dont l'origine des troubles se situait à la quatrième génération de ses ancêtres.

Que la transmission de la vie soit orchestrée par un cycle de trois générations est une dimension anthropologique universelle. C'est par exemple de ce cycle dont il est question dans la question que le Sphinx pose à Œdipe : « Quel est l'animal qui a quatre pattes le matin, deux pattes à midi et trois pattes le soir ? » Œdipe répond : « C'est l'homme. » Il n'a aucun mal à trouver la réponse, car son histoire est non seulement une histoire de pied, mais une histoire de pied inscrite dans sa généalogie paternelle : Œdipe signifie « pied enflé ». Son père s'appelle « le gauche », et son grand-père « le boiteux ». Ce cycle se retrouve dans toutes les cultures, car c'est celui de l'identification : pour pouvoir se construire, l'enfant doit tout d'abord s'identifier à celui qui marche à quatre pattes, c'est-à-dire à lui-même, à son « je » et à son nom, autour desquels il construit ses structures mentales. Ensuite, pour intégrer la sexualité, il doit s'identifier à ceux qui ont deux pattes, ses parents, et pour comprendre la mort, à ceux qui en ont trois, ses grands-parents.

La Bible est un livre qui fonde le patriarcat et dans lequel le rôle des patriarches est de transmettre, sans le faire dépérir, le Souffle divin qui a été confié à Adam. Et comme ce Souffle, c'est la parole, la faute ou le péché sont présentés ici comme un manque à parler, une absence de parole qui se transmet sur un mode semblable à celui du fantôme, et dont la descendance de Caïn fournit l'exemple premier. Cette approche fait de la Genèse une histoire totalement différente de celle que nous ont présentée les curés. Adam a d'abord deux fils, Caïn et Abel. Or, comme il ne les a pas conçus sur le mode dont Dieu a usé pour le concevoir, lui, c'est-à-dire dans la parole et dans le nom, l'aîné d'Adam, Caïn, pervertit la transmission du Souffle divin. Caïn s'avère non seulement incapable de savoir parler à son frère, mais il substitue à la parole un acte dans lequel il laisse son corps prendre le pas sur son esprit : il le tue. Ce n'est donc pas Ève, comme l'ont rabâché les religieux, mais Caïn qui incarne la figure du malade mental hystérique responsable de la faute originelle. Caïn est, comme le sont les femmes hystériques, hanté par ses identifications maternelles. En manque de père, il en cherche un en Dieu. Mais celui-ci ayant agréé l'offrande d'Abel et non la sienne, Caïn tue son frère. Ce qui non seulement laisse entendre que Dieu ne peut en aucun cas remplacer le père, mais fait surtout de Caïn l'ancêtre des intégristes. Et quel sort la Bible réserve-t-elle aux intégristes ? Confronté à la folie de Caïn, Dieu ne le condamne pas à mort. Il ne le peut : dans leurs âmes, les êtres qu'il a créés sont immortels. Il le condamne donc à vivre éternellement... sous la forme de fantôme. C'est pourquoi le texte se poursuit par la descendance de Caïn dans laquelle le *fantôme du fratricide* réapparaît, à la septième génération, avec le retour du nom de l'ancêtre meurtrier. Son descendant, Lamek, met alors au monde un enfant. Mais l'ayant appelé Toubal-Caïn, il se met à délirer, en croyant qu'il a, lui-même, commis le crime de son ancêtre. C'est ainsi, raconte ce texte, que la *faute* de Caïn (son incapacité à savoir parler à son frère) s'est transmise, en s'amplifiant dans la succession des générations, pour donner une humanité constituée de « glébeux », c'est-à-dire d'individus ayant développé leur corps au détriment de leur esprit. Ce à quoi Dieu tentera de remédier en déclenchant le déluge.

Abel, lui, incarne le type même du descendant sacrifié. C'est le schizophrène qui n'a pas été conçu dans un projet et dans des mots. En hébreu, Abel est un mot qui désigne deux choses : le « rien » et la « buée ». Abel, c'est donc du rien dans le langage : de la buée. À son sujet, le texte dit : « Ève ajouta à enfanter Rien (Abel). » Caïn tue donc son frère sous l'emprise de ses identifications maternelles. Ève a conçu cet enfant dans une forme d'automatisme animal hors pensée. Elle a fait du Rien. Si bien que Caïn ne fait que prolonger ou parachever ce qu'a fait sa mère : il élimine ce Rien ! Adam, ayant compris la faute qu'il a commise avec ses deux premiers fils, la répare. Il conçoit Seth, son troisième enfant, comme Dieu l'a fait avec lui, dans le souffle et dans le nom. C'est donc à Seth qu'échoit la charge de transmettre le Souffle divin. Ce qui ne se fera pas sans difficulté. Car, si Adam a saisi les raisons de ce drame, Ève n'y a, elle, rien compris. Elle conçoit donc Seth en remplacement de son fils mort, Abel. Le *fantôme du fratricide* engendré par Caïn va ainsi se transmettre, par les femmes, dans la descendance de Seth, jusqu'à Abraham et ses descendants. Les patriarches incarneront ainsi une lignée modèle. Ils éradiqueront le fantôme de Caïn, en résolvant à chaque génération une rivalité fraternelle. Et ayant ainsi assuré la bonne transmission du Souffle divin, il leur suffira de *trois ou quatre générations* pour engendrer un génie, Joseph qui, après avoir donné à l'Égypte ses structures sociopolitiques et pardonné à ses frères de l'avoir vendu comme esclave à des bédouins, fondera les douze tribus d'Israël...

Tout ce que la psychanalyse transgénérationnelle a

découvert des milliers d'années plus tard était donc déjà inscrit dans ce texte. Ce qui bouleverse de fond en comble la façon dont les Églises nous l'ont présenté. Ainsi, j'ai été stupéfait de découvrir que, dans le « sacrifice d'Isaac » où la voix divine demande au fondateur du monothéisme de lui sacrifier son fils, ce n'est pas, comme elles le disent, la foi d'Abraham qui est mise à l'épreuve. Abraham est, dans ce texte, « l'amant » du Créateur. Sa foi ne fait aucun doute : c'est un « fou de Dieu ». Ce qu'il prouve, en acceptant de lui sacrifier son fils dans une soumission sans faille. Ce que Dieu met à l'épreuve est sa capacité à être un père conforme au modèle biblique. Ceci, en le forçant à s'opposer à la mère narcissique et possessive qu'est devenue Sara. Puisque celle-ci a chassé son fils aîné, Ismaël, avec Agar, sa mère, dans le désert où ils seraient morts si un miracle divin ne les avait sauvés, et qu'Abraham ne peut décemment être le père des patriarches s'il laisse ainsi son épouse décider à sa place du sort de ses fils. L'épreuve que lui impose Dieu vise donc à lui apprendre à ne pas se comporter lui-même comme une mère — qui refuse d'admettre que son enfant est, comme tout vivant, destiné à mourir, et qu'il appartient donc en dernier ressort à Dieu et non à ses parents.

Renvoyons nos lecteurs à La Bible et ses fantômes, *où vous analysez de façon étonnante les onze premiers des cinquante chapitres de la Genèse, en arrêtant provisoirement votre exploration à la tour de Babel et aux fils de Noé, sur une théorie très originale de la constitution des classes sociales. Maintenant, dans le cadre de cet entretien, nous serions heureux de pouvoir faire un lien entre la dimension transgénérationnelle de l'esprit et un autre axe très important de votre recherche : le chamanisme...*

D.D. : La conception chamanique du monde constitue un soubassement anthropologique universel dont ont hérité toutes les autres religions. Dans la Bible, cet héritage se retrouve par exemple dans le fleuve à quatre bras du jardin d'Éden qui symbolise les Quatre Orients du chamanisme. Ou dans le serpent qui initie Ève à la sexualité et qui a toutes les caractéristiques des Animaux de Pouvoir. Mais on le retrouve également dans la numérologie qui ponctue le texte. Les religions du Livre ont toutes plus ou moins radicalement renié cette dimension de leurs origines. Le chamanisme a, lui, l'avantage de l'avoir préservée. On y trouve, entre autres, un savoir sur la mort, le fantôme et la « maladie des ancêtres », qui bien que central dans la mythologie des descendants d'Adam et Ève, a peu à peu été perdu. Pour les chamans, les morts qui n'ont pas pu, pour différentes raisons, rejoindre les portes de la « Grande Lumière » se retrouvent prisonniers de leurs angoisses ou de leurs illusions terrestres. Certains parce qu'ils sont partis en ayant encore des comptes à régler, d'autres parce qu'ils ne se sont même pas rendu compte qu'ils étaient morts, qu'ils n'ont jamais pu en accepter l'idée de leur vivant, ou que ceux qu'ils ont aimés font de même. Lorsque quelqu'un meurt sans qu'un travail de deuil l'engage à rejoindre la Grande Lumière, il se forme alors, entre le mort et les vivants, cette « entité relationnelle » appelée fantôme qui leur permet, à tous deux, de continuer illusoirement à vivre ensemble. Mais, en se transmettant de génération en génération, cette entité relationnelle devient de plus en plus pathogène, car elle n'est pas au service des projets des vivants, mais de ceux que le mort n'a pas pu réaliser. Le travail d'un chaman est, à ce niveau, du même ordre que celui de la psychanalyse transgénérationnelle. On ne s'y préoccupe des morts que lorsque les vivants les retiennent inconsciemment enfermés dans leurs structures émotionnelles, et on ne le fait que s'ils le demandent. La différence est que les psychanalystes considèrent les fantômes comme des « objets de l'inconscient », alors que pour les chamans, ce sont des âmes qui, comme celle de Caïn, n'ont pu rejoindre la Grande Lumière, et qui continuent à vivre dans une psyché terrestre et communautaire qui est celle de toute la planète.

Votre pratique d'acupuncteur vous a-t-elle éclairé sur ces questions ?

D.D. : J'ai appris l'acupuncture, mais c'est surtout la pensée taoïste qui m'a passionné. On y trouve une alchimie sexuelle étonnante : un savoir sur la sexualité qui n'a aucun équivalent dans les autres cultures. Le taoïsme a donc été pour moi un lieu d'apprentissage important. Mais je n'ai jamais pratiqué l'acupuncture, car dans la Chine ancienne, le fantôme n'était pas pris en charge par les acupuncteurs, mais par les *Maîtres aux pieds nus* : les prêtres ou les chamans du taoïsme. Dans les rituels d'exorcisme, les *Maîtres aux pieds nus* ne partent pas seuls, en voyageant dans l'*astral* comme le font les chamans. Ils reçoivent toute la famille. Et en utilisant la médiumnité des adolescents vierges, ils invitent les ancêtres « mal morts » à venir s'exprimer par leur bouche. Ce qui leur permet de savoir quoi faire pour leur permettre de poursuivre leur route. Ils ont la même conception de la mort que les chamans.

La mort n'est pas un passage instantané d'un état à l'autre, mais un processus qui prend beaucoup de temps. Tous nos organes ne meurent pas en même temps — s'il en allait autrement, il serait impossible d'en prélever pour les transplanter. De même au niveau de l'esprit. Les chamans ne le considèrent pas comme une entité une et indivisible, mais comme un assemblage de différentes enveloppes, ou corps subtils, qui ne sont pas tous destinés à accompagner l'âme dans la Grande Lumière. Après s'être séparé de son corps physique, le défunt doit encore se défaire de la première de ces enveloppes, appelée *corps éthérique*, que les chamans considèrent comme la partie de notre constitution psychique que nous avons en commun avec les animaux, et dont ils disent qu'il faut la leur restituer, en mourant, pour les remercier de nous avoir nourris durant la vie.

Pouvez-vous nous rappeler quels sont, dans cette vision du monde, nos différents corps subtils ?

D.D. : Ces corps correspondent aux différents plans d'organisation de la vie. Certaines traditions en dénombrent douze. Mais dans le chamanisme, on travaille surtout avec les quatre premiers, car ce sont ceux qui déterminent notre conscience. À l'exception du premier, le corps physique, les trois autres n'ont aucune consistance matérielle. Ils ne peuvent donc être appréhendés par la perception ordinaire. Un « corps » est un ensemble d'éléments de même nature, délimité par une frontière. Les quatre corps correspondent aux « quatre côtés de la conscience », c'est-à-dire aux quatre premiers niveaux de la vie dont la conscience dépend.

Le premier, le corps physique, est fait de molécules.

Nous pourrions l'appeler le *corps moléculaire*. C'est le seul dont les frontières soient visibles, et c'est aussi le seul que reconnaît actuellement la science. Le second est fait de cette énergie, appelée souffle dans la Bible et *Qi* en médecine chinoise, qui différencie un corps vivant d'un paquet de viande. On l'a baptisé *corps éthérique* au XIXe siècle, parce qu'à l'époque ce mot sonnait scientifique : on pensait alors que le vide était rempli d'*éther*. Aujourd'hui, nous pensons le vide autrement : comme constitué d'une multitude de particules virtuelles. À mon sens, il faudrait donc l'appeler le *corps de vide*, puisque c'est uniquement parce qu'il y a du vide dans la matière que les choses peuvent bouger, s'animer, vivre. L'acupuncture, qui agit sur ce corps-là, l'a bien compris : l'idéogramme que les Chinois utilisent pour désigner un point d'acupuncture signifie vide, caverne, grotte. *Corps moléculaire* et *corps de vide* sont des enveloppes purement terrestres. Ce sont celles que le mort doit perdre pour pouvoir rejoindre la Grande Lumière. Vient ensuite le troisième corps, classiquement appelé *corps astral* parce que c'est une enveloppe mentale qui permet, à l'aide de la seule pensée, de se projeter jusqu'à l'autre bout de l'univers, ou dans les astres. Il est constitué de tout ce qui est de l'ordre de la représentation : images visuelles, acoustiques, tactiles... ensemble de tout ce que nous avons mémorisé au cours de notre existence pour nous représenter le monde. C'est le *tselem* de la mystique juive : le « vêtement de l'âme », la mémoire de la vie terrestre dans laquelle se drape le mort en partant. On l'appelle également le *corps émotionnel*, car il est le siège des affects et des émotions qui animent notre rapport aux autres et à l'univers. C'est un corps assez semblable à l'*image incons-*

ciente du corps de Françoise Dolto, qui est la mémoire spatio-temporelle de nos affects et de nos émotions. Un psychanalyste serait donc tenté de l'appeler *corps de représentation*, car c'est à bord de ce corps-là que nous nous embarquons dans le monde des rêves, ou dans l'Autre Réalité, celle dans laquelle les chamans évoluent.

Le *corps de vide* se perçoit et s'exprime à travers ces vibrations particulières que sont les sensations. C'est lui que l'on ressent par exemple lorsqu'on prend un bain de soleil. Il est lié à ce que j'appelle la « peau de sensations », notre enveloppe énergétique et sensitive, ainsi qu'à tous nos organes des sens. Alors que le *corps de représentation* correspond, lui, à ce qu'on appelle le « système de représentation », c'est-à-dire à la mémoire avec laquelle le cerveau interprète et classifie ce que perçoivent les organes des sens.

Mais, au niveau de l'esprit, la représentation n'est pas ce qu'il y a de plus mystérieux. Le plus surprenant est que nous puissions donner un sens aux choses et au monde ! Que notre vie puisse avoir un sens et l'univers aussi. La représentation seule peut être absurde ou délirante. Comme dans la folie. D'où le quatrième corps qui organise le sens. Ce quatrième corps, ce *corps de sens*, correspond à ce que les psychanalystes appellent la construction du sujet ou du Je. D'autres l'appellent le *corps mental*, tout en reconnaissant qu'il ne s'agit pas à proprement parler d'un corps, mais plutôt d'une structure. Dans l'œuvre de Rudolf Steiner, c'est ce qu'il appelle le Moi ou le Soi (le Moi devenant le Soi lorsqu'il se réfère à un état de sortie du corps). Pour lui, ce serait une instance que la vie terrestre aurait pour but premier de construire. Le fait d'être capable de se déplacer tout seul, après la mort, et non d'attendre, recroquevillé dans un coin de son esprit, qu'avec ou sans l'aide d'un chaman les anges viennent vous chercher, dépend pour lui de la qualité de cette construction qu'est le quatrième corps. Mais si certains y voient une structure plus qu'un corps, c'est parce qu'il s'agit du niveau où l'esprit devient collectif. C'est la structure faisant de nous des êtres communautaires, le corps qui organise nos relations aux autres, en nous permettant de nous y investir et d'y évoluer.

Ces corps se retrouvent dans les « trois trésors » de la médecine chinoise : *Jing*, les essences qui constituent le corps physique. *Qi*, le souffle qui est la texture du corps éthérique. Et *Shen*, l'univers de l'esprit et des esprits, qui correspond aux corps astral et mental. L'anthroposophie, le taoïsme et le chamanisme ont ainsi des conceptions de la vie assez proches les unes des autres. La façon dont ils abordent le fantôme l'est aussi. S'il s'agit d'une mort récente, il faut tout d'abord aider la personne qui consulte à assumer un travail de séparation. Si ce n'est pas elle qui décide de faire ce travail, rien ne se passera ! S'il s'agit d'un ancêtre plus éloigné, on le guide pour lui permettre d'aller voir, lui-même, ce qu'il en est. S'il n'y arrive pas, on peut aussi y aller pour lui. Mais la visée est toujours la même : permettre à l'ancêtre, immobilisé dans les structures terrestres de l'esprit, de retrouver le chemin de la Grande Lumière. Ce qui ressemble à une sorte de psychanalyse *post mortem* de l'ancêtre. Les chamans font à leur façon ce que font les bouddhistes tibétains lorsque, de façon préventive, ils accompagnent le « voyage de l'âme » quarante-neuf jours après qu'elle a quitté son corps terrestre.

Vous parlez comme quelqu'un qui croit très fermement à l'existence d'une vie autre que celle que nous connaissons habituellement, à un au-delà...

D.D. : Je ne suis pas quelqu'un qui fonctionne dans la croyance. Croire, c'est adopter les idées d'un autre ou d'un groupe. Mes travaux portent sur l'expérience humaine. À partir de quelle expérience pensons-nous ceci ou cela, et cette expérience est-elle la nôtre ou celle d'un autre ? La vie est une expérience. Si nous l'assumons, c'est que nous y croyons. Et si la croyance en la vie peut paraître incroyable, c'est tout d'abord chez les enfants. Or les enfants ne croient pas en la mort de l'esprit. Je vous répondrai donc que c'est l'enfant — en moi, autant qu'en tous ceux que j'ai analysés — qui ne croit pas en la mort de l'esprit. Les enfants psychotiques qui ont un accès naturel à l'Autre Réalité sont, sur ce point, très radicaux. Le fait qu'ils n'arrivent pas à s'adapter à notre réalité à nous est chez eux très souvent compensé par toutes sortes de dons médiumniques. Et s'ils ne croient pas à la mort, c'est parce que la plupart d'entre eux ont, comme les chamans, la faculté d'entrer en contact avec les morts. À ce sujet, il faut lire ce qu'ils en disent dans *Un clavier pour tout dire* [1], le dernier livre d'Anne-Marguerite Vexiau : que nous sommes « des menteurs de dire que les morts n'existent plus » ; qu'il faut au contraire « attiser les morts » (penser à eux) ; et que si on les « attise, les morts peuvent beaucoup aider les enfants autistes ».

La question n'est donc pas pour moi de perdre mon temps dans des polémiques sur l'existence de l'Au-delà.

1. Éd. Desclée de Brouwer.

Mes recherches portent sur la réalité de nos expériences mentales, et la façon dont la mort se présente à nous en est une. Nous n'avons pas besoin de démontrer scientifiquement l'existence d'un fantasme pour comprendre ce qu'il veut dire. Il en est de même lorsqu'on étudie comment se présente la mort dans l'esprit humain.

En fait, les représentations de la mort apparaissent toujours sous deux faces antinomiques. D'un côté, il faut en permanence se nourrir et respirer. Sous cet angle, nous passons notre temps à lutter contre la mort, et celle-ci est, du même coup, la chose qui nous fait le plus peur. Mais de l'autre, comme Freud l'a lui-même constaté dans *Au-delà du principe de plaisir*, dans son inconscient, tout le monde se croit ou se pense immortel. Or, en ne considérant la mort que sous l'aspect du cadavre, la médecine matérialiste ne fait qu'amplifier la peur qu'elle soulève chez nous. Ce qui nous bouffe une énergie colossale. Et, bien que les recherches sur la mort, l'agonie et le fantôme commencent à faire bouger les choses, je constate : d'une part que, dans notre riche et luxuriante société, nous sommes totalement dépourvus de mots et de pensées pour exprimer comment nous vivons la mort, la nôtre comme celle des autres ; et d'autre part, que nous en savons encore étonnamment peu sur le psychisme humain.

Et dans les stages de chamanisme que vous animez avec Ivana Caprioli est-ce quelque chose qui se travaille ?

D.D. : Oui, mais seulement lorsque cela est nécessaire. Dans les week-ends et les stages d'été que j'organise avec elle, c'est surtout son travail dont j'ai voulu faire bénéficier mes amis et certains de mes clients. Moi-même, je ne me considère pas comme un chaman. Être psychanalyste me semble déjà suffisant. Ivana a, comme moi, beaucoup bivouaqué avant de se consacrer au chamanisme. Elle a été toxicomane. Ce dont elle s'est superbement soignée avec un *medicine-man* lakota, Archie Fire Lame Deer[1], aujourd'hui décédé. Le chamanisme qu'elle enseigne est apparu aux États-Unis dans les années soixante-dix. Il se différencie du chamanisme traditionnel dans la mesure où il se pratique en groupe et où l'on utilise le savoir des chamans à des fins de développement personnel. Ce savoir est autant celui des *medicine-men* (les guérisseurs indiens d'Amérique du Nord), celui des *curanderos* (les hommes-curés — au sens de *curatus* : qui a la charge d'âmes — d'Amérique du Sud), que celui des chamans du nord de l'Europe, d'Afrique et d'Asie. À ce niveau, il existe autant de chamanismes que d'ethnies, de chamans ou d'individus. Mais la structure cosmologie à laquelle tous se réfèrent (les Quatre Orients et les Trois Mondes, reliés en leur centre par l'Arbre de vie) est partout la même. C'est une voie qui se différencie des autres options spirituelles par la dimension très concrète de sa visée, principalement axée sur la recherche d'informations permettant d'améliorer la vie. Ce qui implique, en premier, un travail sur soi-même, pour lequel chacun doit trouver ses propres outils et adopter la voie qui est la sienne. À ce niveau, le chamanisme est une spiritualité dépourvue de dogmes dont le seul présupposé est de considérer qu'il est impossible d'atteindre les profondeurs de l'esprit autrement qu'en partant de soi-même.

1. Voir son livre : *Le Cercle sacré*, éd. Albin Michel.

C'est pourquoi je le conseille à ceux qui font ou ont fait une psychanalyse. Il en complète ou en prolonge le travail, mais il est de plus mieux approprié qu'elle à ceux qui ont souffert de troubles psychotiques.

La psychanalyse et le chamanisme explorent tous deux le même registre mental qui est celui de la « psyché originaire ». La psychanalyse y a accès par l'analyse des rêves, le chamanisme l'explore par la transe ou le voyage astral. Il dispose toutefois d'un savoir plus ancien que celui de la psychanalyse, comme par exemple la part collective et culturelle qui constitue l'individu ou la clinique des ancêtres « mal morts » : des choses que la psychanalyse a eu tendance à négliger.

Le travail d'Ivana Caprioli est centré sur la construction et l'évolution de l'homme dans son rapport à l'univers (ce qu'il a été, ce qu'il est, ce qu'il doit devenir). Les stages que nous animons ensemble consistent en une suite d'exercices construits à partir de divers savoirs traditionnels. Plus particulièrement, celui des Lakotas qui l'ont formée, celui dont sont porteurs les mythes bibliques traitant de la création de l'homme, et celui des taoïstes qui, avec l'acupuncture et le système alchimique des *merveilleux vaisseaux*, offre une étonnante théorie de l'énergétique corporelle. Par exemple, on y explore comment nous sommes constitués des quatre éléments : l'Eau, le Feu, la Terre et l'Air. Ou comment nous devons notre horizontalité aux animaux et notre verticalité aux arbres. On s'y préoccupe plus de la vie que de la mort, mais si quelqu'un en a besoin, Ivana sait l'aider à prendre contact avec le mort ou l'ancêtre qui pose problème, comme dans le cas d'une des participantes à nos stages dont le frère s'était suicidé...

La mort ne modifie pas grand-chose à l'esprit. Ce qui

fait que les suicidés restent souvent prisonniers de ce qui les a conduits à se tuer. C'était le cas de cet homme qui, mort, s'était enfermé dans l'obscurité en refusant tout contact avec la *lumière*. Avec l'aide d'Ivana, sa sœur est parvenue à le convaincre de sortir du trou d'obscurité où il s'était enfermé, pour rejoindre la Grande Lumière. Ceci ne prouve bien sûr ni l'existence de l'Au-delà ni la survie après la mort. Mais ce qui a tout de même été assez spectaculaire, c'est le bien-être qu'en a ressenti cette femme : elle en est ressortie totalement transformée !

Si l'on veut resituer la façon dont les chamans et les taoïstes s'occupent des ancêtres morts, dans nos catégories religieuses judéo-chrétiennes, nous pourrions dire que cet homme s'était enfermé « en enfer ». Les traditions ésotériques chrétiennes représentent l'enfer comme la faculté ou l'obligation de continuer à satisfaire aux besoins d'un corps qui n'existe plus. Ce qui veut dire que le mystère que constituent déjà, dans la vie de tous les jours, nos images mentales se perpétue pour eux dans l'Au-delà. Dans la vie éveillée, ce mystère est celui des fantasmes sexuels, de la folie, de l'hallucination, mais aussi du traumatisme qui s'inscrit comme un accroc dans l'une des couches les plus profondes de la mémoire, celle des images.

C'est ainsi que Freud caractérise la névrose traumatique : par le fait que la personne traumatisée ne peut plus produire, dans ses rêves, d'autres images que celles de son traumatisme. Les images correspondent, dans notre appareillage mental, à notre capacité à créer le futur à partir d'expériences déjà mémorisées. Le traumatisme mental est, en ce sens, une mise à l'arrêt de la mémoire, une « panne cérébrale » portant sur la production ou la mobilité des images mentales. Or, mourir, dans une société où la mort est considérée sous le seul angle du matérialisme et où, de ce fait, elle devient indicible, est forcément un événement traumatique. Si bien que beaucoup de nos morts resteraient ainsi « scotchés » dans les dernières images de leur vie terrestre. Ce qui nécessite la redécouverte ou la remise à jour de l'accompagnement des morts.

Où l'on retrouve toutes les grandes traditions de la « prière pour les morts », et notamment le propos du Livre tibétain des morts*, qu'un Sogyal Rinpoché est si magnifiquement parvenu à interpréter en termes occidentaux, dans son* Livre de la vie et de la mort [1]. *Le retour (ou l'avènement) d'une telle pratique dans la culture occidentale constituerait une ouverture révolutionnaire dans la grande réouverture du théâtre de la mort ! Y a-t-il une chance pour que cette étape soit intégrée avec rigueur à nos pratiques post-modernes ?*

D.D. : Peut-être, mais à condition que nous n'en excluions pas les enfants. Sur la question de la mort et du rapport aux ancêtres, si nous voulons dépasser nos idéologies, nos ignorances, nos interdits et nos pratiques, il faut, comme l'explique très bien Élisabeth Kübler-Ross, considérer les enfants comme nos enseignants, surtout lorsqu'ils sont atteints de troubles mentaux contrebalancés par des dons auxquels nous ne comprenons rien, ou des maladies incurables faisant que leurs jours sont comptés. Les enfants qui se savent atteints d'une maladie incurable ont, dit-elle, reçu un

1. Éd. La Table Ronde.

« cadeau » : un développement mental de très loin supérieur à la moyenne et une sagesse spirituelle face à la mort, à laquelle sont loin d'accéder la plupart de ceux qui prétendent officier en ce domaine. Tel cet enfant, dont Ginette Raimbault (une psychanalyste qui a travaillé en milieu hospitalier avec ce genre d'enfants) relate l'histoire dans l'un de ses livres : alors que sa fin est imminente, il quitte l'hôpital pour pouvoir mourir chez lui, et prenant un taxi avec sa mère, il est la seule personne de tous les adultes présents qui s'avère capable de la rassurer : « Mais arrête ton cirque, maman ! Je te promets que je ne mourrai pas dans le taxi ! Nous avons tout notre temps ! »

5.

Votre famille vit à l'intérieur de vous... mais vous pouvez la choisir !

RENCONTRE AVEC CHANTAL RIALLAND

Quand bien même toute notre famille aurait disparu, il n'est pas exagéré de dire qu'elle se perpétue en nous : sous forme de qualités, mais aussi de pathologies que seule une remontée lucide dans notre arbre généalogique a des chances de désamorcer. Auteur du best-seller *Cette famille qui vit en nous* et présidente de l'Association des psychothérapeutes en psychogénéalogie, Chantal Rialland fait partie de la seconde génération des psychothérapeutes qui utilisent les outils transgénéalogiques. Pour elle, ces derniers ne sont nullement exclusifs, mais au contraire tout à fait compatibles avec d'autres façons, en particulier psychocorporelles, de se connaître soi-même et d'évoluer vers l'accomplissement et le bien-être.

La plupart d'entre nous sommes issus, au minimum, d'un instant d'amour entre un homme et une femme. Ces derniers se doutaient-ils, en s'aimant, du sac de problèmes qu'ils s'apprêtaient à nous léguer ? Objectif premier de la psychogénéalogie : nous aider à prendre conscience des influences que notre famille exerce sur notre vie, *depuis l'intérieur de nous-mêmes*, autrement dit mieux comprendre nos propres racines, pour mieux nous en libérer. Selon Chantal Rialland, il s'agit là d'une méthode d'investigation extrêmement rapide. « En une dizaine d'heures, dit-elle, on peut appréhender l'origine de certains problèmes lourds. Cela dit, savoir est une chose ; intégrer et guérir en est une autre. »

Autre originalité de son approche, Chantal Rialland alterne les séances individuelles de psychogénéalogie et le travail de groupe. Si les premières servent à explorer et à comprendre notre généalogie, un travail de groupe mené en parallèle est fondamental, car il permet de mettre en scène les traumatismes familiaux, donc de les dénouer. Ainsi *jouera*-t-on la mort de la grand-mère dont on n'a pas pu prendre congé, ou de l'arrière-grand-père tué pendant la guerre. Dans cette perspective, en analysant et en jouant notre biographie transgénéalogique, le cercle infernal des répétitions se rompt de lui-même. C'est ce que Chantal Rialland appelle la « reconstruction familiale » : généralement, elle est réalisée avec plusieurs méthodes (psychodrame, gestalt, analyse transactionnelle, art-thérapie, etc.). Ainsi la thérapeute encourage-t-elle ses patients à mener en particulier, avec d'autres thérapeutes, un travail sur le corps : « Il est le lieu de l'inconscient, dit-elle. Des massages appropriés, par exemple, peuvent aider à la libération des énergies bloquées. »

Vous étiez, pourrait-on dire, une psychothérapeute « classique », comment avez-vous été amenée à vous intéresser à la psychogénéalogie ?

Chantal Rialland : Tout a été déclenché par ma rencontre avec Alexandro Jodorowsky. J'étais psychothérapeute depuis un an, quand, sur les conseils d'un ami, je suis allée le consulter pour faire ce qu'il appelait un « Tarot à quatre étages », autrement dit un Tarot de l'arbre généalogique. Très vite, ses questions ont porté sur des personnes dont je n'avais jamais parler dans mon propre travail analytique, à savoir mes grands-parents et mes arrière-grands-parents, ces maîtres silencieux de mon destin que je n'avais pas connus ! Je savais que la famille nous constitue, mais jusque-là j'avais seulement essayé de comprendre le lien qui m'unissait à mes parents. Or comment imaginer comprendre ma relation avec ma mère, sans évoquer son histoire avec son grand-père, mon arrière-grand-père, décédé l'année de ses dix-neuf ans ? Ces retrouvailles avec mon clan sont aussi passées par la découverte de la place de mon père au sein de la généalogie et de sa propre histoire avec ses parents. Ma grand-mère a disparu lorsque j'avais deux ans, j'en ai donc peu de souvenirs...

Bref, nous sommes tous issus d'une lignée et cette prise de conscience a révolutionné ma pratique : la souffrance, qui est un héritage transmis de génération en génération, prend un sens tout à fait différent avec la psychogénéalogie. C'était une véritable gageure de mettre ça en pratique à l'époque, car mes patients, s'ils étaient fort disposés à parler d'eux-mêmes, l'étaient moins à évoquer leurs ancêtres. Mais j'étais bien décidée à intégrer la psychogénéalogie à la psychothérapie analytique classique... Pendant trois ans, j'ai ainsi suivi la formation de Jodorowsky, bien décidée à intégrer la psychogénéalogie à la psychothérapie analytique classique.

La psychogénéalogie venait donc s'ajouter comme un outil supplémentaire dans votre métier de psychothérapeute.

C.R. : En tant que psychothérapeute analytique, je voulais comprendre l'être humain pour soulager sa souffrance. Et pour aider une personne en souffrance, il m'a paru important de comprendre sa famille. Au début, mes patients trouvaient inutile de me parler de leur famille. Il faut dire qu'à l'époque la psychogénéalogie en était à ses débuts. C'était parfois difficile de les faire parler de leurs oncles et tantes, et de leurs grands-parents, dont apparemment ils n'avaient que faire. Et pourtant, c'était indispensable.

Pourriez-vous préciser ce que cet outil vous apportait de neuf ?

C.R. : Il permettait d'avancer plus rapidement avec les patients. Il leur donnait un nouvel éclairage sur leur propre vie. L'individu revisite son passé, change son regard sur lui et sur sa famille, fait le deuil de l'impossible et donne un nouveau souffle à sa vie. Cette psychothérapie permet d'explorer l'inconscient familial.

Freud a été le premier à explorer de manière méthodique ce continent mystérieux qu'est l'inconscient : cette part d'être et de désirs inconnus que chacun de nous abrite, qu'on ne peut totalement maîtriser et dont nous sommes responsables. Pour Carl Gustav Jung, l'inconscient n'est pas uniquement une part d'ombre, mais un prodigieux réservoir d'énergie créatrice. Ensuite est venu Jacques Lacan, qui a proposé à la psychanalyse un nouveau cadre, en mettant l'accent sur la question « comment l'inconscient se structure ». Mais si l'aventure intérieure se poursuit et se structure, c'est que notre inconscient nous mène par le bout du nez... de nos ancêtres ! Aujourd'hui, tout le monde prend conscience de l'influence majeure de la famille sur notre destin. Récemment encore, lors d'une interview à la télévision,

Aimé Jaquet, l'ancien entraîneur de l'équipe de France de football, a reconnu l'énorme influence que son grand-père avait exercée sur sa vie. La psychogénéalogie est une thérapie pour comprendre ce rôle fondamental de nos ancêtres et soigner les symptômes névrotiques qui peuvent en découler.

Nous assistons depuis quelques années à un véritable « boom » de la généalogie. Dans chaque famille, il y a toujours quelqu'un qui se met à vouloir faire un arbre généalogique. Quelle est votre opinion sur ce phénomène ?

C.R. : Nous sommes dans une société en pleine mutation. La famille a connu des hauts et des bas : refuge pour les uns, enfer pour les autres. On est passé de « familles je vous hais » à « familles je vous aime ». Et puis, le modèle classique de la famille a changé. Recomposée, monoparentale, homosexuelle, les codes et les rites ne sont plus les mêmes. Cela a accru le désir de connaître son histoire, sa filiation, ses racines. Dans une société en mouvement, où l'on perd ses repères, on veut se rattacher à ses racines, retrouver sa place au sein d'une généalogie. Bref, on cherche son identité. Cet intérêt se retrouve en psychothérapie. On connaissait les thérapies pour les enfants, pour les adolescents, pour le couple... Aujourd'hui on se penche sur les angoisses transgénérationnelles.

Est-ce une réaction à une souffrance particulière ?

C.R. · C'est davantage une réponse à une évolution de la société. Dans un monde où il y a des mouvements de mode, des mouvements d'identification, on a besoin de savoir qui l'on est. Et son passé fait partie de soi.

Pour éviter toute confusion entre la psychogénéalogie, la thérapie transgénérationnelle et la généalogie, qui passionne des centaines de milliers de personnes en France, pouvez-vous nous expliquer la différence ?

C.R. : Les passionnés de généalogie caressent le rêve de remonter leur arbre généalogique jusqu'à Adam, ou bien de rassembler les descendants d'un même aïeul. Le vieux rêve de l'« oncle d'Amérique », autrement dit l'espoir déraisonnable de découvrir que l'on a un aïeul oublié et sans enfant, qui a fait fortune, peut susciter à lui seul l'étude des générations qui nous ont précédés. Pour obtenir les informations les plus complètes possible, et amorcer le dialogue avec de lointains cousinages, les démarches sont longues : copies des actes de naissances, actes de succession, etc. Mais retracer l'histoire de sa famille en généalogie est de l'ordre du factuel : il s'agit simplement de prénoms, de professions, de régions, de dates, etc. La psychogénéalogie, elle, utilise ces bases de recherche généalogique de manière bien différente. C'est une véritable enquête pour découvrir les faits marquants dans la vie de nos ancêtres, qui pourraient avoir une résonance avec nos propres troubles récurrents. Il est bien rare de remonter aux huit arrière-grands-parents... Ce qui est une démarche plus que courante en généalogie. De plus, aussi bizarre que cela puisse paraître, les frères et les sœurs d'une même famille, qui ont strictement la même généalogie, n'ont pas du tout la même psychogénéalogie. Par exemple, l'impact sur la psychogénéalogie est complètement différent si vous naissez fille ou garçon, aîné, second ou benjamin.

Comment fonctionnent, en psychogénéalogie, les mécanismes de projection ?

C.R. : C'est un mot clé. Les enfants d'une même famille ne font pas l'objet des mêmes projections de la part de leurs parents. J'ai eu l'occasion de faire travailler une famille de cinq filles. Entre l'aînée, qui avait eu la chance d'avoir son père jusqu'à l'âge de dix-neuf ans, et la dernière, qui l'avait perdu à l'âge de cinq ans, la psychogénéalogie était totalement différente. Pourtant, si chacun a une histoire particulière, nous avons tous un point commun : dès l'annonce de notre conception, nos parents nous chargent inconsciemment de donner un sens à leur vie. En d'autres termes, l'enfant est investi de la somme des fantasmes de ses parents, mais aussi de ses grands-parents, oncles et tantes. La famille va projeter sur nous des souhaits corporels, sexuels, affectifs, intellectuels... La projection agit bien sûr de manière inconsciente : l'enfant est notamment chargé d'emblée de restaurer les rêves perdus, on lui demande de réussir là où d'autres ont échoué ou de perpétuer les modèles star.

Jusqu'à quel point ces projections nous influencent-elles réellement ?

C.R. : Entre le désir d'artiste refoulé du père ou celui du brillant PDG de la mère, la marge de manœuvre est parfois étroite. Bon nombre d'adultes découvrent après coup, en thérapie, combien ils ont été fidèles aux projections de leurs parents. Vous savez, désiré ou pas, nous sommes d'abord un enfant imaginaire. À partir de là, les scénarios possibles sont multiples. Dans certaines familles, l'intellect est valorisé, d'ailleurs le grand-père était instituteur, le père est professeur, et l'on vous rêve normalien. Dans d'autres, la filiation est artistique. Autre modèle que l'on rencontre couramment : l'argent comme élément de réussite sociale. Parfois les projections sont simples : être belle comme la mère ou douce comme la grand-mère. Mais, de toutes les façons, ces projections pèsent lourd. Puis arrive la naissance, qui s'accompagne alors de projections bien réelles. Quand l'enfant paraît, chacun donne son avis, apporte son regard sur les choses avec des phrases du style « oh, il a les yeux de son père, les oreilles de son grand-père », etc. Et nous recevons des prénoms, supports des projections familiales.

Donc, a priori, nous aurions un corps en quelque sorte psychogénéalogique !

C.R. : Exactement. La famille se reconnaît à travers le corps de l'enfant, en s'en attribuant des petits bouts. La toile familiale se retisse autour du corps de l'enfant. Reste que ce « corps psychogénéalogique » interagit d'une façon plus ou moins positive avec notre évolution. C'est-à-dire qu'en définitive nous ne voulons pas forcément ressembler à notre tante, qui d'une part se révèle plus tard peu sympathique, et d'autre part empreinte de sainteté, alors que le rêve d'une vie monacale n'est pas le nôtre ! En réalité, les projections agissent de différentes manières et le terrain du corps psychogénéalogique en est un lieu fort intéressant. Des phrases du type « Ne deviens pas grosse comme ta grand-mère », pourtant anodines et courantes, peuvent engendrer des symptômes lourds. Car, pour se conformer au désir de ses parents, l'enfant va s'identifier à toutes leurs projections, au risque de créer un déséquilibre entre son corps et son psychisme.

Le sexe joue un rôle évidemment considérable dans l'empreinte de ce corps psychogénéalogique. Pour la majorité de nos parents, avoir un garçon ou une fille est loin d'être neutre — et inversement ! Naître fille lorsque vous êtes attendu garçon est souvent lourd de conséquences. Idem pour le garçon...

Comment agissent ces projections ? Sont-elles forcément traumatisantes ?

C.R. : La plupart du temps, elles agissent au travers des mots. Ce sont par exemple les étiquettes ou les attributs dont les parents ne cessent d'affubler leurs enfants, style « ma puce » ou « mon croûton ». Ces mots, qui ont probablement accompagné l'enfance des parents, vont influencer la vie affective, intellectuelle, sexuelle et corporelle de leur enfant. Devenus adultes, certains agissent toujours par fidélité à ces étiquettes et s'empressent de les répéter auprès de leurs propres enfants. Sortir les parents de la tentation de toute-puissance, et les aider à débusquer ces motivations inconscientes de faire de leur enfant l'instrument de leur bonheur, fait aussi partie des enjeux de la psychogénéalogie.

On constate que les jeux de projection se complexifient avec la succession des naissances. L'aînée est intelligente, la cadette est jolie, etc. Les parents ne s'en rendent pas compte, mais il y a quelque chose de très douloureux dans les comparaisons qu'ils font entre les frères et sœurs. Et les effets pervers sont plus importants qu'il n'y paraît. Quarante ans plus tard, « l'intellectuelle » se croit toujours laide et « la belle » préfère se taire tant elle se sent idiote. L'enfant s'identifie à ces projections, soucieux de respecter la nature particulière du lien qui l'unit à ses géniteurs. Résultat : un manque de confiance en soi, un manque de confiance dans la vie et un problème de place. Quand on est comparé, c'est qu'on n'a pas sa place.

Y a-t-il un phénomène de répétition, les parents agissant comme leurs propres parents se sont comportés avec eux ?

C.R. : Chaque parent revit inconsciemment quelque chose de sa propre histoire en fonction du sexe de l'enfant et de sa place dans la fratrie. Et ce jeu de préférences entre en résonance avec les souffrances qu'il ou elle a éprouvées, lors de préférences subies dans sa propre enfance. La répétition agit de manière inconsciente : l'enfant est celui qui permet de faire renaître son narcissisme archaïque, c'est-à-dire le rapport que le père ou la mère avaient à eux-mêmes et au monde dans les premiers temps de leur vie.

Cela signifie-t-il qu'inconsciemment les parents élèvent leurs enfants de telle sorte qu'ils leur ressemblent ?

C.R. : La pensée humaine se construit sur l'identique et toutes les tentatives de mimétismes se révèlent structurantes. Quand nous sommes petits, nous avons besoin de mimer notre entourage. Ainsi l'enfant du commerçant va jouer à la marchande et rendre la monnaie avec son père ou sa mère. Dans la cuisine, avec maman, il apprend à faire les confitures, ou à passer le balai au moment du ménage. Évidemment, une fois l'enfant devenu grand et en mesure de faire ses propres choix, des parents lucides peuvent faire le deuil de leur enfant imaginaire et le laisser s'engager sur une voie conforme à ses propres aspirations. En fait, dans la plupart des cas, les parents ignorent tout de leurs propres identifications et des modèles qu'ils ont transmis. Je me souviens d'une patiente qui prenait la pilule, tout en se refusant toute expérience sexuelle par peur de tomber enceinte. L'approche psychogénéalogique m'a permis d'établir que depuis cinq générations les filles aînées de cette famille avaient des enfants hors mariage. Les noces avaient lieu pour échapper à la honte et les unions se révélaient tout aussi catastrophiques les unes que les autres. L'inconscient familial faisait qu'elle s'identifiait à cette angoisse.

Les enfants identifient-ils leurs grands-parents de la même manière ?

C.R. : Non, les identifications sont très différentes au sein d'une même famille. Je me souviens du cas d'Hélène, grand-mère d'Élodie et d'Isabelle... Elle était perçue très différemment par ses deux petites-filles. Pour la première, sa grand-mère était exemplaire, à la fois complice et bienveillante. Pour la seconde, la même grand-mère était perçue comme dure et indifférente. Or Élodie était la fille du fils d'Hélène, tandis qu'Isabelle était la fille de sa fille. La psychogénéalogie a mis en évidence que dans l'histoire de cette grand-mère, la lignée des fils était favorisée. Revisiter le passé familial permet de changer son regard sur lui, de faire le deuil de l'impossible et de s'approprier sa propre vie.

Concernant les grands-parents, l'évolution de la société leur a donné une place différente, à la fois moins puissante mais mieux intégrée au sein de la famille... Quelle incidence cela a-t-il eu ?

C.R. : Il est exact que les seniors ne sont plus les veuves et les veufs d'autrefois, souvent seuls et en noir. La famille n'est plus fondée sur le devoir mais sur l'amour. Fini l'ancien modèle, y compris celui des grands-mères qui savaient tout et imposaient leur point de vue. Mieux insérés dans la société, les grands-parents gardent un esprit jeune. Leur rôle bien spécifique se différencie de celui des parents. Libérés des contingences familiales quotidiennes, ils sont plus disponibles... Aussi peuvent-ils multiplier les mille et un petits « plus » relationnels qu'ils procurent aux enfants, comme la complicité, le réconfort, l'écoute, la patience... Bref, ils peuvent les gâter sur tous les plans. La maison des grands-parents constitue bien souvent pour les enfants un refuge qu'ils connaissent bien et apprécient. Ces figures que sont devenus les grands-parents rassurent l'enfant sur sa place dans la fratrie, qu'elle soit classique ou recomposée ; elles sont donc source d'identification.

La grande révolution de la fin du XXe siècle dans l'arbre psychogénéalogique vient de ce qu'on pourrait appeler des changements de totems, c'est-à-dire que des figures lointaines et un peu austères des grands-parents sont devenues une sorte de refuge merveilleux et indestructible.

Et dans le cas où les grands-parents sont morts, leur figure est-elle toujours aussi importante pour leur petits-enfants ?

C.R. : Bien sûr, et c'est là un des constats fondateurs de l'approche psychogénéalogique. De toute manière, nos parents nous ont élevés en fonction de la relation qu'ils ont eue avec leurs propres parents. C'est un élément fondamental. Peu importe, donc, que nous ayons connu nos grands-parents ou pas, ils ont tout de même une influence sur notre propre vie au travers de celle qu'ils ont eue sur nos parents.

Revenons à la question de l'identification. Un enfant a-t-il nécessairement besoin de s'identifier à quelqu'un ?

C.R. : S'identifier est la façon naturelle de se constituer. Contrairement au petit garçon, qui perçoit sa différence sexuelle, la petite fille se ressent très vite comme une reproduction, une miniature de sa maman. La psychogénéalogie donne des indices sur les identifications qui se sont transmises au fil des générations. Cela signifie qu'on va se forger l'idée de ce qu'est être femme à travers notre mère, qui elle-même l'a reçue de sa mère, etc. Idem pour les hommes, bien entendu.

La psychogénéalogie met donc en évidence de quelle façon notre féminin intérieur et notre masculin intérieur se forgent à l'image idéale que l'on nous transmet ?

C.R. : Notre arbre généalogique définit en effet notre homme intérieur comme notre femme intérieure. À la question « qu'est-ce pour vous être une femme ou être un homme ? », nous répondons tous en résonance avec les différentes femmes et hommes de notre famille. Féminité comme virilité sont au cœur de notre histoire familiale. Nous structurons notre identité en nous identifiant à ces différentes figures familiales. Nos contradictions et nos confusions en découlent. Par exemple, dans certains arbres généalogiques, la mère a pris la place du père, et inversement. Dans d'autres cas, les parents sont associés — dans une activité professionnelle commune par exemple. L'image peut alors se brouiller. La qualité de nos relations amoureuses dépend également de ces images familiales. Notre arbre généalogique peut nous transmettre la haine des hommes, ou des femmes, ou encore nous contraindre à aimer son père contre sa mère ou inversement.

S'identifie-t-on toujours prioritairement à ses parents ?

C.R. : Chez certains, les mécanismes inconscients d'identification d'ordre psychogénéalogique peuvent très bien avoir lieu avec des professeurs, des médecins de famille, des prêtres. Ces identifications portent en elles des informations qui peuvent, elles aussi, se transmettre de génération en génération. Aussi étonnant que cela puisse paraître, les figures fondamentales qui font l'objet d'identification n'ont pas forcément de liens génétiques. Parfois, le parrain ou la marraine peuvent jouer ce rôle. Les enfants adoptés, par exemple, ont une psychogénéalogie génétique en plus de celle de leur famille d'adoption à laquelle ils s'identifieront aussi.

Pourrions-nous nous arrêter un peu au phénomène même de la répétition de génération en génération ?

C.R. : Répéter, c'est agir en fonction de son histoire familiale. Le phénomène de répétition consiste à reproduire les mêmes scénarios, à réendosser les mêmes valeurs, se calquer sur les dates anniversaires. Mais ce n'est pas systématique. Vous pouvez par exemple agir tout à fait à l'inverse. On appelle cela le « contre-scénario ». Quoi qu'il en soit, ces répétitions vont nous mener par le bout de l'inconscient tout au long de notre vie ! Cependant, il en existe plusieurs formes, des plus anodines aux plus incroyables, et ce dans tous les domaines, même les plus insoupçonnés : de la cuisine, avec nos goûts et la façon de la faire, à notre style vestimentaire, en passant par notre relation à l'argent. Il y a bien sûr les grandes répétitions professionnelles avec les choix de métiers, la façon dont on travaille, etc. On fonctionne toujours suivant une combinaison de son ambition propre et de l'inconscient familial.

Évidemment, sans vouloir enlever toute sa magie à l'amour, il faut savoir que le domaine affectif n'est pas, lui non plus, épargné par le poids de nos ancêtres. L'amour n'est pas une loterie et derrière le « mystère » de nos rencontres et toutes les questions que soulèvent nos choix amoureux peuvent se dissimuler de belles répétitions familiales. Les deux tourtereaux qui se demandent : « Pourquoi nous aimons-nous ? » peuvent parfois constater qu'à leur insu les liens puissants de la répétition les ont rapprochés. On ne se marie pas par hasard au même âge que notre grand-mère. Une attirance pour un partenaire de culture différente, par exemple, s'explique aussi dans nos répétitions généalogiques.

Autre phénomène de répétition fréquent : la maternité. Certaines femmes tombent enceintes au même âge que leur mère, alors que d'autres subissent des fausses couches qui en rappellent d'autres. Fruits de notre histoire, les grandes étapes affectives subissent la loi de la lignée.

Et c'est pareil dans notre rapport à la santé. Nos maladies aussi peuvent reprendre des affections dont souffraient de plus ou moins lointains ancêtres. Comme vous pouvez le constater, notre vie tout entière peut être affectée par la répétition.

Comment expliquez-vous que les parents ne se rendent pas compte qu'ils élèvent leurs enfants comme ils ont été élevés ?

C.R. : D'une part, la répétition n'est pas toujours flagrante ; d'autre part, ils ne vont pas forcément nous élever de manière identique. C'est plus complexe. La répétition s'appuie sur l'*image inconsciente* de l'homme ou de la femme qui a été véhiculée. Votre grand-mère déteste les filles ; votre mère va mettre au monde des garçons ! Le phénomène de répétition met en scène l'affectif, et pour identifier et comprendre les répétitions il faut savoir ce qui s'est réellement joué dans l'enfance de nos parents, c'est-à-dire ce qu'ils essayent de reproduire.

Par ailleurs, il faut déculpabiliser les parents. On les accuse de tous les maux ! Vous pouvez constater que la plupart du temps ils essayent de donner ce qu'eux-mêmes n'ont pas reçu, et ainsi de réparer leurs blessures. Or les enfants ne sont pas les thérapeutes de leurs parents... une tendance pourtant en voie de développement de nos jours. D'où la nécessité de sortir de la répétition, un phénomène qui étouffe et assujettit...

Peut-on utiliser la psychogénéalogie comme un outil pour en finir avec les accusations que l'on porte contre ses parents et sa lignée que l'on rend souvent responsable de tous nos problèmes ?

C.R. : La psychogénéalogie est un peu l'art d'utiliser la famille à meilleur escient. Pour chanter à nouveau ses louanges, il suffirait tout simplement de reconnaître que c'est elle qui nous a donné la vie ! Une fois passée cette crise contre la famille (une crise qui nous fait cruellement ressentir les manques dont nous souffrons), il est important d'évoluer, de changer son regard. L'esprit de famille peut se renouveler, à condition de prendre conscience des valeurs positives dont elle est porteuse. Vous devez absolument vous attacher à rechercher le positif dans la toile familiale. Tout n'est pas à rejeter en bloc. Au fond, ce que l'on cherche est tout simplement de pouvoir se réaliser librement, et dans la vérité de sa lignée. Pour cela, il est nécessaire d'arriver à un retournement affectif. Lui seul peut opérer l'alchimie.

Mais comment comprendre lucidement l'inextricable écheveau des liens psychologiques qui se sont tissés entre les membres de notre lignée ?

C.R. : Comprendre, prendre conscience, est une première étape qui, à mon sens, est insuffisante. L'objectif de la psychogénéalogie, en tant que psychothérapie, est d'opérer un revirement affectif qui consiste à revenir en amour de soi, c'est-à-dire à s'aimer de nouveau tel qu'on est. La grande originalité de la psychogénéalogie est de permettre de regarder ses parents non plus comme des dieux, tour à tour aimants ou sévères, hélas jamais à la hauteur de nos besoins, mais plutôt comme des êtres humains, avec leurs faiblesses, leurs névroses, leurs souffrances. Doués ou pas, ils ont généralement fait ce qu'ils pouvaient. Pour sortir d'un discours trop souvent rabâché et redorer le blason de l'amour parental au travers des générations, je préconise le pardon : une version originale de la thérapie que propose la psychogénéalogie.

Il est parfois impossible de sincèrement pardonner...

C.R. : Encore une fois, il faut voir nos parents comme des êtres humains et non plus comme des parents. Et le pardon n'est pas du tout ce qu'on croit. Déjà, il est nécessaire de faire face à la haine, au ressentiment, à la frustration qui nous rongent, ce dont nous ne sommes pas toujours conscients. Ensuite, il faut comprendre que nos parents ont fait ce qu'ils ont pu. On ne va pas souffrir toute notre vie d'avoir souffert. On ne peut pas changer le passé, mais on peut changer en nous les séquelles de ce passé. C'est ça, tout le travail de la psychogénéalogie : « renaître à soi-même ».

Qu'entendez-vous par « renaître à soi-même » ?

C.R. : Devenir ses propres parents, son propre père, sa propre mère et se remettre au monde soi-même. Et cette démarche est indispensable pour pouvoir pardonner. Attention, il ne s'agit absolument pas de nier sa souffrance, ni de nier que nos parents ont été plus ou moins habiles, voire parfois incapables d'aimer. Le but est de réaliser que tout ça, c'est notre histoire et en faire quelque chose. En d'autres termes, l'assumer. Et pour cela, il faut changer d'état d'esprit.

Comment, avec la psychogénéalogie, peut-on « renaître à soi-même » ?

C.R. : Face à face avec un psychologue, vous allez démêler tous les fils de ce scénario familial, comprendre ce qui s'est joué, voir quels enfants ont été votre mère, votre père, explorer vos relations avec votre famille, vos frères et sœurs... En aucun cas vous ne devenez « voyeur » de la vie relationnelle de vos parents, mais vous vous attachez à lever les zones d'ombre, les non-dits. Et, de découverte en découverte, vous allez finir par comprendre comment tout s'est agencé. Comprendre, c'est accéder au trésor, en l'occurrence celui de la famille.

Tout le monde devrait-il avoir recours à la psychogénéalogie ?

C.R. : Tout le monde est effectivement concerné, ne serait-ce que pour avoir conscience de ce que l'on transmet à ses enfants. La psychogénéalogie va bien au-delà d'une simple thérapie. C'est prendre conscience de l'inconscient familial, et pour cela il faut apprendre à se poser des vraies questions sur les origines de nos comportements. En psychogénéalogie, c'est l'enfant devenu adulte qui consulte et se demande ce qu'il a fait de l'héritage de ses parents, grands-parents et arrière-grands-parents. Qu'est-ce que Françoise Dolto a fait de son propre héritage d'une famille particulièrement difficile, où sa mère aurait préféré la voir mourir, elle, plutôt que sa sœur... ? Françoise aurait pu souffrir toute sa vie ! Il est clair qu'elle a donné un sens à sa psychogénéalogie et s'est tournée vers la réparation et la guérison.

A partir de quand peut-on dire que l'on est « guéri » ?

C.R. : Guérir, c'est se retrouver en paix avec soi-même. Ceci dit, tant qu'on est vivant, on est en mutation, on se transforme, on bouge. C'est peut-être cela aussi, la guérison : accepter que nous ne sommes ni figés ni immuables. Certaines de mes patientes me disent : « Lorsque cela ira mieux, alors je ne souffrirai plus. » Ce n'est pas tout à fait cela. J'ai plutôt envie de leur dire : lorsque tu iras mieux, la souffrance ne sera plus un mode d'existence, même s'il y a encore des moments difficiles, des tensions, des interrogations, des questions. La vie n'est pas un long fleuve tranquille, mais néanmoins elle reste une invitation au bonheur.

Et la réparation ?

C.R. : Parfois, quand on a souffert, on se retrouve en position de victime. Et l'on passe sa vie à souffrir et à faire souffrir les autres. Ou alors, on peut sublimer et faire en sorte que ses souffrances, tout son passé, servent aux autres. Par exemple, devenus adultes, des enfants qui ont souffert essaient d'être un père ou une mère parfaits. Le problème, c'est qu'il arrive que l'on en reste au stade de la réparation en donnant beaucoup mais en s'oubliant soi-même. C'est une petite erreur que commettent beaucoup de thérapeutes, moi y compris. Il faut aussi penser à soi et ne pas être chargé de toute la souffrance du monde. Au-delà de la réparation, il est important de s'autoriser à vivre.

Concrètement, par quoi commencer pour dénouer l'écheveau familial ?

C.R. : Vous pouvez par exemple commencer par mettre au clair le désir parental que vous soyez au monde, qui ne va pas toujours de soi. Dans le trousseau de clés indispensable pour ouvrir les portes et les couloirs dérobés de son histoire, les prénoms sont aussi très importants. On ne s'appelle pas Antonin, comme l'écrivain Antonin Artaud, ou Jonas, ou tout simplement Marie comme sa grand-mère, en toute impunité. J'ai un jour rencontré une Blandine... Elle portait le prénom de la maîtresse de son père. Sans tomber dans le mélodrame ou le romanesque qui entourent la levée du voile des origines, il est parfois indispensable de mener une enquête.

Et lorsqu'il n'est pas possible de s'informer, comment peut-on faire ?

C.R. : Quand il y a des blancs, des manques, ce n'est jamais par hasard. Cela signifie qu'il y a eu un conflit entre la mère et ses parents, ou le père et ses parents. Ce peut être également un secret de famille. On peut les voir réapparaître à travers les répétitions de comportement.

Un secret de famille finit-il toujours par resurgir ?

C.R. : Il n'y a rien de plus toxique qu'un secret de famille... et les répétitions sont claires. À partir du moment où un événement ou un comportement est dissimulé, il se répète immanquablement. Pour qu'il y ait secret de famille, il faut qu'il y ait eu honte... Et la honte engendre la toxicité. Le secret de famille est vraiment un poison. L'inconscient l'a engrangé et il ressortira.

Mais une prise de conscience suffit-elle à mettre fin à la répétition des schémas familiaux ?

C.R. : Elle n'est pas suffisante, il faut aussi un travail affectif. Prenons un exemple... Je suis toujours malheureuse en couple. Je retombe sur le même type d'homme qui me fait souffrir. La prise de conscience sera de répondre à différentes questions : quelles sont les images de la femme et de l'homme véhiculées à travers ma famille ; quelles sont les dettes que, par fidélité, je vais reproduire ? Suis-je en train de répéter le malheur parce que, dans mon histoire familiale, il semble interdit d'être heureux avec un homme ?

Et qu'appelez-vous « travail affectif » ?

C.R. : C'est tout un chemin... Il ne se fait pas en un clin d'œil. Prendre conscience, mettre au jour ses ressentiments et ses haines, apprendre à s'aimer, prendre ses distances avec ses parents en se disant qu'ils ont fait ce qu'ils ont pu, se dire qu'on ne va pas souffrir toute notre vie, se prendre en charge... Cela prend du temps ! C'est tout un processus.

Se libérer est, certes, à encourager, mais comment faire le tri entre ce que la famille apporte de bien et ce qu'elle distille de nocif ?

C.R. : Je pense que l'être humain a pour objectif de donner du sens. La guérison arrive lorsque notre histoire trouve un sens. La famille nous a donné la vie, des joies et des souffrances. Plus on trouvera son propre sens et moins on transmettra de choses toxiques à nos enfants.

Pardon, à ce stade, de poser cette question, mais peut-on dire, scientifiquement, comment un événement du passé peut avoir des conséquences des générations plus tard ?

C.R. : Je n'en sais rien... cela reste mystérieux. Il existe un inconscient familial qui relie des personnes qui ne sont pas génétiquement liées et qui, pourtant, font partie de la généalogie. Je me souviens par exemple d'un patient qui mimait complètement la vie du premier amour de sa mère, qui n'était pas son père. Je me suis également occupée d'une patiente qui avait deux pères symboliques : le premier amour de sa mère, qui n'était pas génétiquement son père, et le sien. Ce sont les grands classiques de la *répétition*. On en trouve beaucoup dans la vie professionnelle... Si vous avez une famille où tout le monde exerce une profession libérale, vous serez naturellement porté sur ce type de profession... Si dans votre famille il y a eu une faillite traumatisante, il y a de grandes chances qu'à l'âge qu'avait votre père lors de cet événement vous vous posiez des questions sur votre vie professionnelle. Inconsciemment, tout est sous-tendu par cette histoire ! La façon dont on voit les hommes, les femmes, la façon dont on conçoit sa féminité, sa sexualité, la façon dont on voyage, les idées politiques, religieuses... En fait tout est fonction de la famille et de son histoire. Et tout est transmis. La façon dont vous considérez l'argent. La séduction, le plaisir...

Par exemple, un problème d'alcoolisme peut-il être typique d'une pathologie transgénérationnelle ?

C.R. : Dans certaines familles, il peut y avoir une angoisse liée au sujet. Le grand-père était alcoolique, les oncles et tantes aussi, est-ce héréditaire ? Mon approche de la question m'incite à penser que les alcooliques sont hypersensibles et qu'ils ont des difficultés à exprimer les souffrances qu'ils ont vécues. C'est pour cela que l'alcool les rend souvent agressifs, c'est un désinhibiteur de l'inconscient. Souvent les alcooliques ont des angoisses par rapport à leur responsabilité, ont peur de ne pas être à la hauteur. Ils ne métabolisent pas les sucres de l'alcool. Mais je pense plus à une reproduction du non-dit, de la non-expression de l'émotivité qu'à quelque chose qui se transmet génétiquement... Certains médecins ont remarqué qu'il y avait plus de jeunes qui se droguaient dans les familles où il y avait de l'alcoolisme... Mais encore une fois, cela n'a aucun caractère scientifique. Ce ne sont que des observations.

Dans votre dernier ouvrage, vous expliquez l'adoption d'un enfant d'un point de vue psychogénéalogique... Pouvez-vous nous en parler ?

C.R. : Effectivement, dans certains arbres généalogiques on trouve des indications qui montrent qu'on sera plus ouvert à l'adoption que d'autres. En psychogénéalogie, je vous l'ai dit, les enfants adoptés ont au moins deux psychogénéalogies : celle de la famille génétique, qu'on retrouve parfois, et celle de leur famille d'adoption. Il faut savoir que l'adoption peut être très difficile. Il faut bien comprendre que tous les enfants qui sont adoptés ont d'abord été blessés. Un enfant n'est pas en mesure de dire qu'il a été abandonné parce que sa « vraie » famille n'a pas pu l'élever pour des raisons économiques. Un enfant adopté pense qu'il a été abandonné parce qu'il était « abandonnable » et qu'il ne valait pas le coup. Tous ces enfants sont donc blessés, et pendant leurs jeunes années ils vont se donner un mal fou pour être aimables et se faire adopter par leur famille adoptive. Mais il y a de toute façon une souffrance qui devrait être systématiquement travaillée. Tout enfant adopté devrait faire une psychothérapie, enfant, pour justement comprendre qu'il est « aimable » et que sa famille d'origine n'a pas pu l'élever. Souvent, au moment où les enfants rencontrent les premiers amours, ils revivent l'abandon de leur famille initiale, notamment de leur mère. Tous les problèmes qui avaient été enfouis et qu'on aurait pu traiter avant vont remonter...

Le processus d'adoption peut-il se répéter ?

C.R. : Devenus grands, les enfants adoptés chercheront souvent à adopter d'autres enfants. Si, évidemment, leur propre adoption s'est bien passée. Néanmoins ces enfants restent blessés et chacun a droit à ses racines. .

La modification des lois serait très importante pour qu'au-delà d'un certain délai, une mère qui accouche sous X puisse être retrouvée par son enfant devenu grand.

Est-ce une véritable nécessité pour ces enfants de retrouver leur famille biologique ?

C.R. : Uniquement s'ils le veulent... Encore une fois, cela dépend des cas. Un enfant adopté ne désire pas systématiquement retrouver sa famille biologique. Ce n'est pas pour autant qu'il est en paix. Il peut avoir une haine terrible de cette famille qui l'a abandonné et qu'il ne veut pas revoir. Certains enfants considèrent que leur famille d'adoption est leur véritable famille. En cela, ils ont raison. C'est celle qui donne de l'amour, qui éduque. Le père est là pour donner la parole (et la loi). C'est cela l'important. Autrefois, dans les familles riches, la nounou était bien souvent plus mère que la mère génitrice. Elle s'occupait de l'enfant et ce qui compte avant tout, c'est l'amour donné.

Finissons par votre méthode. Selon vous, la psychogénéalogie s'appuie-t-elle mieux sur des thérapies individuelles ou sur des thérapies de groupe ?

C.R. : Les deux ! L'effet de synergie d'un groupe vient plus facilement à bout de ce qu'on dissimule et qui s'oppose au mythe familial, c'est-à-dire à l'image idéalisée qu'on se fait de sa propre famille.

L'approche individuelle peut donc être complétée par un travail en groupe qui permet de mettre en scène notre inconscient familial. Pour l'apprivoiser, ce travail dans l'espace est fondamental. Les souvenirs désagréables, les conduites répétitives s'expriment par le support du corps. Une chose est certaine : les individus qui travaillent ensemble ont forcément des vécus qui se font écho. Là, l'inconscient ne surgit pas par miracle, mais à la faveur d'une émotion qui s'accompagne d'une gestuelle et d'une verbalisation. C'est en s'apercevant par exemple que telle réponse émotionnelle renvoie à tel épisode familial que le patient entre peu à peu en contact avec ses fantômes enfouis. Si vous voulez, c'est de la « thérapie individuelle en groupe ». On se sert du groupe comme d'une richesse, mais les exercices sont spécifiques à chacun. En groupe, la prise de conscience est beaucoup plus rapide. Par ailleurs, il fait miroir. On peut donc se voir progresser, ce dont on n'a pas forcément conscience quand on est isolé. Et puis, nous sommes des êtres sociaux, il est donc important que la thérapie puisse passer par le groupe.

Une dernière question : voyez-vous la psychogénéalogie évoluer ?

C.R. : Au départ, la psychogénéalogie a été une thérapie pour ceux qui souffraient et qui voulaient se sentir mieux dans leur peau. Mais on s'aperçoit maintenant que la psychogénéalogie concerne tout le monde, même ceux qui ne viendront jamais consulter. C'est une clé pour expliquer notre personnalité et nos comportements. La psychogénéalogie est devenue une connaissance de soi.

6.

Se libérer des secrets de famille : une condition préalable à toute psychothérapie

RENCONTRE AVEC SERGE TISSERON

Psychanalyste et auteur particulièrement réputé pour ses ouvrages sur Hergé et ses origines, Serge Tisseron a découvert l'importance jouée par le secret de famille dans sa propre histoire — la mort de l'un de ses grands-pères ayant été entourée d'un mystère malsain. L'irruption du *secret de famille* venait à l'encontre de tout ce que lui avaient enseigné les théoriciens de la psychanalyse freudienne, pour qui le secret de famille n'existe pas — ce qui n'est sans doute pas sans rapport avec le fait que la famille de Freud elle-même cachait de multiples secrets nocifs ! Car, attention : tous les secrets ne sont pas nocifs.

S'appuyant sur la théorie du *fantôme* de Nicolas Abraham et de Maria Torok — qui furent les premiers à explorer le champ clinique du secret de famille mortifère, engendrant de la souffrance dans la lignée —, Serge Tisseron renouvelle avec une grande vivacité notre compréhension de la psychanalyse.

Plus de familles qu'on ne le croit cachent des secrets, qui pèsent si lourd sur la vie psychique de leurs membres que ceux-ci en tombent malades, deviennent délinquants, ou toxicomanes, ou entrent dans une spirale d'échec incompréhensible. Qu'est-ce qu'un « secret de famille » ? Ne pas confondre : de nombreux secrets sont légitimes et sains, même si notre culture ne l'accepte pas toujours, ils assurent à chacun sa liberté de pensée. Les « secrets de famille », eux, ont pour effet d'exclure certains membres, le plus souvent très jeunes, hors de la confiance du groupe. Paradoxalement, ils prennent plutôt racine dans le désir des parents de « protéger l'enfant », par exemple en ne lui confiant pas qu'un autre membre de la famille a fait un enfant ailleurs, ou va mourir, ou se trouve en prison, ou simplement au chômage... les cas ne manquent pas. Chaque fois, tout se passe comme si l'enfant tenu à l'écart « savait inconsciemment » la vérité et s'arrangeait pour le faire comprendre par une maladie ou par une conduite déviante, avec un but : montrer que lui aussi est un mourant, ou un délinquant, ou un chômeur, croyant ainsi regagner la confiance « perdue ». Comment fait-on pour repérer l'existence d'un tel secret ? Et pour s'arracher à sa malédiction ? Que peut-on dire, que faut-il taire, jusqu'à quel âge ? Dans son livre *Nos secrets de famille*, le Dr Serge Tisseron propose quelques pistes remarquables, que nous lui avons demandé d'évoquer avec nous.

En tant que pédopsychiatre, comment vous êtes-vous intéressé aux histoires familiales ?

Serge Tisseron : Tout a commencé quand j'étais psychiatre et psychanalyste pour enfants, dans les années quatre-vingt. J'ai tout à coup eu l'impression que les grilles, les modes d'interprétation que j'avais appris concernant les dessins d'enfants n'étaient pas suffisants pour en expliquer tous les éléments.

Quelles grilles d'interprétation utilisiez-vous ?

S.T. : À cette époque, j'appliquais la grille traditionnelle de la représentation des pulsions partielles dans les dessins d'enfants, mise au point par Melanie Klein, et celle de Françoise Dolto autour de l'image inconsciente du corps. Mais je me suis aperçu que certains dessins ne correspondaient à aucune de ces références.

En séance, beaucoup d'enfants dessinaient des problèmes dont ils entendaient parler dans leur famille, mais dont ils n'étaient pas censés être informés. En d'autres termes, les enfants dessinaient avec leur crayon sur du papier des éléments de l'histoire familiale dont il leur était interdit de parler avec des mots et que, pourtant, ils pressentaient... Ce fut le point de départ de mes travaux.

Quel a alors été votre cheminement ?

S.T. : Je me suis interrogé plus avant sur cette approche. À savoir que si les enfants dessinent les choses dont ils n'ont pas le droit de parler, peut-être les adultes le font-ils aussi. Peut-être que les dessinateurs adultes continuent à exprimer au travers de leur art les choses dont, enfants, ils n'avaient pas le droit de parler. J'ai alors décidé de vérifier cette hypothèse en étudiant une œuvre dessinée.

Et vous vous êtes mis à relire les albums de Tintin !

S.T. : Les secrets tournent autour d'histoires qui ont un début, un milieu, une fin. Il fallait donc que je m'intéresse à des auteurs qui dessinent des histoires complètes. Les lithographes, ou les illustrateurs, ne racontent pas des histoires, mais offrent plutôt des instantanés. Mon choix s'est donc tout naturellement porté vers les dessinateurs de bandes dessinées. Comme je connaissais bien « Les Aventures de Tintin » pour les avoir lues dans mon enfance, j'ai mené l'enquête à partir de ces albums.

Et qu'avez-vous découvert ?

S.T. : J'ai démontré qu'un secret de famille parcourait en filigrane l'ensemble de cette œuvre. Hergé, le père de Tintin, était le petit-fils d'une fille mère, comme on disait à l'époque, et son grand-père, dont l'identité avait toujours été tenue secrète, était en même temps présenté comme quelqu'un de très prestigieux. Un mystère familial avait donc pesé lourd dans sa vie par l'intermédiaire de son père qui était bien affecté que sa mère lui ait toujours caché le nom de son géniteur. Les biographes du très célèbre dessinateur ont d'ailleurs confirmé cette information. Hergé avait donc mis en images le secret qu'enfant, il n'avait pas pu mettre en mots.

S'exprimer par le dessin n'est pas une approche nouvelle...

S.T. : Les psychanalystes affirment que ce qui se joue dans le dessin est souvent de l'ordre des conflits entre les désirs et les interdits qui leur sont associés. Dans cette optique, ce sont en quelque sorte des compromis. Je pense que l'enfant, ou parfois l'adulte, dessine aussi ce qu'il lui est interdit de dire avec des mots, tout simplement parce qu'il doit suivre une règle familiale. Le dessin ne touche pas nécessairement les désirs interdits sauf celui de comprendre et de connaître ce qui peut exister dans une famille autour d'un événement C'est d'ailleurs à partir de cette idée que j'ai écrit *Tintin et les secrets de famille*, en 1987.

Aujourd'hui, la famille traditionnelle éclate. La définition de la famille a-t-elle changé ?

S.T. : La définition, je ne crois pas. En revanche, la nécessité qui nous pousse à définir la famille n'est plus la même. Autrefois, la famille existait, personne ne la remettait en cause, elle n'avait guère besoin d'être définie. On cultivait le souvenir des ancêtres, on se réunissait avec ses proches, les frères, les oncles, les tantes, autour des parents et des enfants. Aujourd'hui, de nouveaux modes de vie chamboulent ces données et les familles sont souvent éclatées, recomposées ou monoparentales. D'autre part, de plus en plus d'enfants naissent par fécondation *in vitro*, avec donneur anonyme ou pas, d'autres sont adoptés. Il devient donc essentiel de rappeler que toute famille se définit par deux axes complémentaires : un axe horizontal et un axe vertical.

L'axe horizontal de toute famille est l'ensemble des personnes qui peuvent se trouver en contact physique ou virtuel, via Internet par exemple, à un moment donné. Une famille peut avoir des membres au Canada, en Argentine, en Chine et en Afrique. Mais par Internet, ils peuvent tout de même avoir un contact les uns avec les autres, entre êtres humains vivants. Même si ce contact est virtuel, le caractère humain des protagonistes ne fait pas de doute.

Mais toute famille se définit aussi par un axe vertical, représenté par les ascendants et la généalogie qui intègre chaque être humain dans une filiation. Nous sommes tous nés d'un homme et d'une femme, qui sont eux-mêmes issus d'un homme et d'une femme, et ainsi de suite. Il est important de rappeler que ces deux axes sont essentiels à la construction psychique de l'enfant. Personne ne se définit seulement à partir de collatéraux ou d'ascendants. Nous avons tous besoin des deux.

Dans notre société, la famille, vilipendée hier, considérée comme un boulet, est aujourd'hui valorisée... Pourquoi ce revirement ?

S.T. : La famille, aujourd'hui valorisée, est très différente de celle qui, hier, était attaquée. Celle qui était décriée ressemblait à une famille patriarcale traditionnelle, nourrie d'hypocrisie et d'autorité, avec un père consacré chef, tout simplement parce qu'il était le père, même s'il était par ailleurs alcoolique ou incestueux. Ce type de famille a été abondamment critiqué depuis la fin des années quarante. Maintenant, la famille valorisée est celle qui exalte des valeurs de proximité, d'authenticité, de sincérité. Plutôt que de revalorisation de la famille, je préfère parler de nouvelles formes d'organisation familiale, de nouvelles relations entre parents et enfants.

Le thème du secret de famille est de plus en plus abordé, notamment au cinéma avec des films comme Festen *de Thomas Vinterberg sur le poids de l'inceste, ou plus récemment* Terre-Neuve *de Lasse Hallstrom qui met en scène un homme à la recherche de ses racines, qui découvre, entre autres, qu'il vient d'une famille de naufrageurs... Est-ce un effet de mode ?*

S.T. : Dans mon cas, il ne s'agit pas d'un phénomène de mode, puisque j'ai commencé à m'y intéresser il y a plus de trente ans, à la fin des années soixante-dix. Il faut bien comprendre qu'à l'époque personne, et surtout par les psychanalystes, n'envisageait que les secrets de famille puissent être à l'origine de troubles psychologiques. Leur reconnaissance actuelle provient essentiellement de deux facteurs. Le premier, c'est tout simplement l'évolution des mœurs. Un grand nombre de problèmes étaient tabous il y a encore vingt ans, alors qu'on en débat ouvertement aujourd'hui. Citons en vrac : les enfants adultérins, ceux conçus avant mariage ou adoptés — éventuellement par des couples homosexuels —, et puis, du côté de la pathologie, le fait d'oser parler des maladies mentales, de la dépression, de la toxicomanie, de l'alcoolisme, etc. La presse grand public a abordé toutes ces questions, les a restituées dans leur dimension sociale, pas seulement dans leur dimension individuelle. Le sentiment de honte qui en découlait a donc été relativisé.

Et le second facteur ?

S.T. : Beaucoup de spécialistes du psychisme ont commencé à s'intéresser à ces questions. Il y a trente ans, lorsque j'abordais avec mes collègues le problème des secrets de famille, je suscitais au mieux un scepticisme poli, au pire de l'agressivité.

Heureusement, l'impact des secrets de famille est aujourd'hui reconnu. Cependant, il est intéressant de remarquer que le progrès n'est pas venu des thérapeutes eux-mêmes, mais de l'évolution sociale. Comme toujours, ils n'ont fait que prendre la mesure de cette évolution sociale et essayé de prendre le train en marche !

La société s'est donc rendu compte avant les thérapeutes de l'importance des secrets de famille !

S.T. : Exactement. Pour Freud, le père de l'inconscient, les secrets de famille n'existaient pas. En conséquence, tous les psychanalystes nourris de sa théorie, et Dieu sait s'ils étaient nombreux dans les années soixante-dix, ne pouvaient pas les envisager. Dans le milieu analytique de l'époque, il existait des réponses toutes faites. Par exemple, celle-ci : l'histoire des parents et de la lignée s'inscrit dans l'inconscient de l'enfant. Chacun a donc une connaissance inconsciente de l'héritage familial, même le plus sombre. Conclusion : quand bien même il y aurait un secret dans une famille, de toute façon ce serait un secret de polichinelle connu de tous !

Vous êtes-vous inspiré des théories de Nicolas Abraham et Maria Torok, les deux psychanalystes à l'origine des notions clés des effets du secret de famille à travers les générations (clinique du fantôme) ?

S.T. : Pour mener ma recherche sur *Tintin et les psychanalystes*, je me suis effectivement appuyé sur leur théorie. Toutefois, je me suis aperçu plus tard que cette approche ne résolvait pas tous les problèmes et qu'il fallait la prolonger par d'autres constructions théoriques. Pour résumer, les psychanalystes Nicolas Abraham et Maria Torok ont été les premiers à envisager comment les secrets honteux, avec les mensonges qui les accompagnent, peuvent créer des dégâts psychologiques importants sur les générations suivantes ; c'est la *théorie de la crypte et du fantôme*. En revanche, ils ne disent pas par quel mécanisme les secrets font des « ricochets » de génération en génération et empoisonnent la vie des familles. Ce secret qui semble contagieux, que les enfants, les petits-enfants commémorent à leur insu, comment se transmet-il ? Comme ils n'avaient pas abordé cette question, certains thérapeutes ont imaginé que, peut-être, ce secret contenu dans l'inconscient des parents sautait, comme une sorte de puce invisible, jusque dans l'inconscient des enfants... Et parfois cette théorie a été développée jusqu'à l'absurde.

Quel complément avez-vous apporté ? Sur quoi repose votre propre théorie des secrets de famille ?

S.T. : Si nous avons vécu une situation dont nous ne pouvons pas parler parce que c'est interdit ou douloureux de le faire, nous développons d'autres modes d'expression : des attitudes étranges, des phrases équivoques... qu'inconsciemment nos enfants perçoivent. Quand le clan familial s'impose le silence, ces enfants fabriquent des images. Dans leurs dessins, ils expriment ce qu'ils ne peuvent pas mettre en mots, mais qu'ils ont tout de même construit intérieurement, à partir des mimiques et des comportements qu'ils observent dans leur entourage. J'ai appelé ce mécanisme la *théorie des trois niveaux de symbolisation*, en 1987, dans le livre *Psychanalyse de la bande dessinée.* Depuis, je ne fais que la préciser, l'affiner et en tirer des conséquences.

De quelle manière la loi du silence qui entoure un secret de famille fait-elle souffrir ses membres ?

S.T. : C'est tout simple. L'être humain est ainsi fait qu'il est constamment poussé — par une force intérieure, un instinct — à se donner des représentations des situations qu'il traverse. Tout le monde en a fait l'expérience. Vous assistez à un accident dans la rue. Une fois de retour chez vous, vous en parlez à vos proches, avec force gestes, ou même en faisant un croquis. C'est humain, dès que l'on vit un événement important, on s'en donne des représentations, sous des formes multiples. La vie familiale est en permanence placée sous le signe de ces échanges.

Lorsque certains événements vécus par les membres du groupe de façon intense ne peuvent pas recevoir de représentation verbale, ceux qui les ont vécus vont les traduire à leur insu. Si par exemple un membre d'une famille a été agressé dans la rue et s'il n'en parle pas, il exprimera sa peur d'une manière différente : il pourra ne plus vouloir sortir le soir et prétextera une grande fatigue. Les autres membres de la famille seront perturbés, trouvant son comportement incompréhensible. D'autres attitudes ambivalentes peuvent également se révéler toxiques. Comme cette mère qui « voulait » cacher à son fils qu'il a été adopté : elle éteignait la télévision ou changeait de chaîne dès que le sujet était abordé. Ce silence, derrière ces comportements, crée une dynamique particulière au sein du groupe familial et engendre de lourds conflits.

Et que se passe-t-il lorsqu'un enfant perçoit qu'il y a un non-dit, un secret dans la famille ?

S.T. : Lorsqu'un enfant soupçonne que ses parents masquent ou travestissent la réalité et qu'ils en souffrent, il échafaude un certain nombre d'hypothèses. La situation est la même dans un couple... Vous retrouvez votre conjoint avec bonheur tous les soirs et puis, un jour, vous le voyez complètement perturbé. Vous lui demandez ce qu'il a et il vous répond que tout va bien. Vous vous posez alors des questions... Mais revenons à notre enfant. S'il soupçonne un non-dit, il se posera trois types de questions :

Premièrement, il se demandera : « Est-ce de ma faute ? Ai-je fait une bêtise sans m'en rendre compte ? »

Ensuite, sa question deviendra : « Mes parents ont-ils fait quelque chose dont ils ont honte et dont ils n'osent pas me parler ? »

Enfin, en dernier lieu, il s'interrogera : « Peut-être que je me fais des idées... »

L'enfant s'engage ainsi sur le chemin d'un doute de plus en plus généralisé. Si l'événement occulté est important, il finira par douter de ce qu'il entend, de ce qu'il voit, de ce qu'il comprend et de ce qu'il pense. Cette souffrance est terrible pour l'enfant, qui peut présenter des troubles plus ou moins sérieux allant des difficultés d'apprentissage à certains comportements psychotiques.

Les secrets de famille amplifient-ils leurs effets au fur et à mesure qu'ils se transmettent d'une génération à l'autre ?

S.T. : Leurs effets s'aggravent sur les deux premières générations puis diminuent, en général. Mais il faut tenir compte aussi que tout enfant évolue dans un environnement relationnel assez étendu. Il est en contact avec sa nourrice, ses tantes et ses oncles, etc. S'il se heurte à des attitudes incompréhensibles de son père, il pourra toujours demander à quelqu'un de son entourage, à sa mère, par exemple, ce qu'il a. Ce à quoi elle pourra répondre qu'il supporte mal son licenciement, ou qu'il est parfois sens dessus dessous parce qu'il a beaucoup souffert étant petit, qu'il ne peut pas en parler mais que peut-être il se confiera un jour... L'enfant se déculpabilisera en découvrant que ce n'est pas sa faute.

Qui peut tenir ce rôle de correcteur auprès d'un enfant ?

S.T. : Les grands-parents ont un rôle très important à jouer dans ce système correctif. Toutes les fois où un enfant est élevé par un parent « porteur de secret », ils peuvent au moins lui expliquer que son père ou sa mère est perturbé par quelque chose qui ne concerne pas l'enfant et dont il n'est pas responsable. Aujourd'hui, grâce à l'agitation médiatique autour de ces non-dits, de plus en plus de personnes sont sensibles au fait qu'il faut apporter des correctifs.

Et si personne ne déculpabilise l'enfant, que se passera-t-il sur les générations suivantes ?

S.T. : Le secret traverse alors les générations. L'adulte qui a été perturbé par un secret dans son enfance est amené à développer avec sa progéniture un système de communication perturbant. Par exemple, si une femme a été victime d'un inceste étant petite, son enfant peut avoir l'intuition de ce qui lui est caché, mais sans en avoir la confirmation. À la deuxième génération, cette petite fille, devenue mère, peut développer une attitude anxieuse vis-à-vis de la sexualité sans comprendre pourquoi, et devenir exagérément protectrice avec sa propre fille... Le secret n'est plus seulement « indicible » : il est devenu innommable. L'enfant peut alors développer de vrais troubles de la personnalité...

Existe-t-il des secrets dans toutes les familles ?

S.T. : Bien sûr ! Toutes les familles abritent des secrets. Et il en existera toujours. En revanche, il m'apparaît important de faire la distinction entre les bons secrets et les mauvais. Tous ne sont pas nocifs. La famille opère parfois des embellissements de la vérité, une sorte de mythologie qui renforce la cohésion familiale. Le secret de famille toxique possède trois caractéristiques :

— il est dissimulé ;
— il est interdit de le connaître ;
— il provoque une souffrance chez un membre de la lignée, que son enfant peut déceler.

Bien sûr, tout ce qu'il est interdit aux enfants de savoir n'obéit pas forcément à ces trois conditions. Par exemple, la vie sexuelle des parents est gardée secrète, il est interdit à l'enfant de passer le nez par la porte pour voir ce qui se passe dans leur chambre, mais en même temps, même si on ne le lui dira pas, c'est une source de bonheur pour les parents. L'enfant le sent, donc il ne s'en préoccupe pas.

C'est autre chose quand le clan familial s'impose le silence sur un événement. Une brouille apparemment anodine au sujet d'un héritage peut ainsi se révéler terrible pour l'un des membres du clan et empoisonner sa vie et celle de ses enfants. La gravité réside dans l'importance du secret, bien sûr, mais aussi dans l'investissement émotionnel relatif et dans la constance à le préserver. Dans toute famille, il peut y avoir des éléments gardés secrets, mais qui ne mobilisent pas beaucoup d'émotion, qui préoccupent peu. Ceux-là ne sont pas bien graves. C'est l'intensité de la participation émotionnelle des parents au secret qui fait sa gravité. Il faut donc bien distinguer les secrets nocifs des autres.

Existe-t-il des domaines plus propices que d'autres au développement des secrets nocifs ?

S.T. : Les domaines les plus investis sont ceux qui tournent autour des origines et de la mort. Vous avez donc l'adoption, la fécondation *in vitro*, l'enfant adultérin, mais aussi le deuil non accompli, la folie d'un parent, l'alcoolisme, les overdoses, les suicides, etc. Tout ce qui peut entacher l'image d'une famille. Par souci de respectabilité, on cache aussi les enfants morts en bas âge, les séjours en hôpital psychiatrique...

Avec le temps, le contenu des secrets de famille a-t-il changé ?

S.T. : Tout ce qui n'est pas conforme à la norme sociale prête au secret. Les contenus ont donc changé depuis quelques années, avec le temps et l'évolution des mœurs. À l'ère de l'union libre et des familles recomposées, une mère célibataire n'est plus mise au ban de la société. Les changements de mentalité ont également participé à dégager de la sphère des secrets d'autres domaines qui lui étaient traditionnellement attachés : la maladie mentale, la toxicomanie, l'alcoolisme, les enfants adoptés... En revanche, on en voit apparaître de nouveaux, comme la fécondation *in vitro* ou le sida. Le chômage également a tendance à être gardé sous silence : pour ne pas alerter leur famille, certains hommes quittent le domicile conjugal chaque matin comme s'ils allaient travailler...

La psychothérapie semble aider vos patients à reconnaître les symptômes du poids des secrets. De quelle manière, exactement ?

S.T. : Les personnes qui viennent me consulter souffrent d'angoisse, d'insomnie, de crises de colère, de dépression, de dégoût de la vie... Ce n'est pas le passé qui est indigeste, mais le présent qui ne répond plus. L'important est alors de permettre au patient de reconnaître la singularité de son symptôme. Face à des situations similaires, d'autres personnes auraient pu réagir différemment. Par exemple, tout le monde ne traverse pas une crise professionnelle en faisant une dépression. Cette façon de réagir renvoie la personne à sa propre histoire, psychique, familiale ou relationnelle. Pour qu'elle puisse s'en rendre compte et savoir pourquoi elle réagit de cette manière, on peut étudier ensemble les rapports qu'elle entretenait avec ses parents dans l'enfance. On peut se focaliser en particulier sur les moments où elle a eu l'impression qu'on lui cachait quelque chose. C'est lors de ces différents brouillages « actifs » (quand on fait croire à l'enfant que ce qu'il a vu ou entendu n'existe pas, que c'est le fruit de son imagination) que ce dernier développe les types de réactions dont nous parlons.

Concrètement, que se passe-t-il au cours d'une psychothérapie ?

S.T. : Vous savez bien que, suivant un mécanisme qui a été théorisé par Freud, le patient va attribuer au thérapeute des sentiments ou des intentions qui renvoient à sa propre histoire, c'est-à-dire qu'il va placer le thérapeute dans la situation d'être tantôt son père, tantôt sa mère. Mais il existe une autre forme de transfert décrite par Hermann puis par Bowlby que l'on peut appeler le *transfert filial*. Le patient place le thérapeute en situation d'être l'enfant qu'il a lui-même été. Le thérapeute a alors le sentiment de ne pas comprendre ce que le patient explique, ou bien de comprendre à côté, ou d'imaginer qu'il a commis quelque chose de honteux. Quand le professionnel se retrouve dans l'un de ces trois cas, il peut penser que son patient lui fait vivre inconsciemment ce qu'il a vécu lui-même. Il en rend compte alors au patient, ce qui permet à celui-ci d'envisager son histoire personnelle et psychique sous un jour nouveau.

L'outil de la psychogénéalogie est donc bien le transfert, le lien thérapeutique est alors une sorte de chambre d'écho du passé. Mon rôle de thérapeute consiste ensuite à aider la personne à reconnaître les attitudes mentales et relationnelles qu'elle s'est fabriquées pour celui ou celle dont elle a pris en charge le secret. Elle doit réaliser qu'en tant qu'adulte, elle peut déposer ce fardeau de famille, et utiliser ses propres ressources afin de reprendre en main son destin.

Un secret de famille nocif a-t-il la moindre chance de laisser transparaître la vérité ?

S.T. : Le secret de famille ne s'oppose pas à la vérité, parce que la vérité n'existe pas. Je veux dire que personne ne la connaît. Si votre grand-mère vous dit : « Tu sais, ton grand-père n'est pas mort de mort naturelle », on ne sait pas si elle invente. Le secret ne s'oppose pas à la vérité, il s'oppose à la communication. La raison en est logique : quand un enfant grandit dans une famille à secrets, il a évidemment l'impression qu'il existe un domaine qu'il lui est interdit de connaître, mais surtout il pense qu'être grand, c'est entretenir des secrets. Il se mettra donc à en fabriquer lui-même et à dissimuler des informations, ce qui s'opposera à la communication authentique qu'il aurait dû entretenir avec tous ses proches, y compris avec ses parents.

Mais une forme de vérité n'est-elle pas importante lors d'une thérapie ?

S.T. : La vérité de chacun, oui, la vérité historique objective, certainement pas. Celle-là, personne ne peut jamais en être certain ! Toutefois, briser la loi du silence, révéler le secret constitue bien le début d'une possible guérison. Si un patient comprend quelque chose d'important, il a enfin trouvé *sa vérité*. Il est bien évident qu'il faut essayer le plus possible de faire coïncider notre propre vérité avec celle de l'histoire familiale. En thérapie, le patient se livre à des constructions psychiques. Celles-ci peuvent être fantasmées, et donc parfois erronées, mais elles sont essentielles. Elles lui permettent de donner du sens à des situations qui étaient jusque-là tenues hors sens. Or tout être humain est constamment poussé à trouver un sens aux situations qu'il vit. S'il en est empêché, il en est perturbé... et devient, de fait, perturbant ! Donc, si un patient finit par découvrir qu'une angoisse ou une peur peuvent être mises en relation avec un événement qu'on lui a caché, cela le soulage. Attention : rien ne prouve que ses parents lui aient caché quelque chose, peut-être étaient-ils eux-mêmes victimes d'un secret remontant aux générations précédentes. Mais il pourra expliquer à ses enfants pourquoi il se sent, par exemple, mal à l'aise devant certains sujets, des scènes de viol au cinéma, par exemple. Il aura sa justification.

Avez-vous pu établir un rapport entre certaines pathologies et des secrets de famille ?

S.T. : Non. Si l'on pouvait le faire, les secrets de famille auraient été pris en compte dès la fin du XIXe siècle. S'ils ont été si longtemps laissés de côté par la théorie de la psychopathologie, c'est justement parce qu'ils ne créent aucun symptôme spécifique. En revanche, les secrets aggravent *tous* les symptômes. Si un enfant grandit dans une famille où il développe un manque de confiance en lui et si, en plus, il sent un secret de famille, son problème sera accentué. Si un enfant grandit dans une famille où il est amené à développer, du fait de son organisation œdipienne, des troubles phobiques ou obsessionnels, et si en plus il y a un secret de famille, il va développer plus encore sa conduite pathologique. Si vous voulez, le secret de famille aggrave tous les troubles, mais il n'en crée aucun en particulier. Il empêche un enfant de guérir, mais n'est jamais à lui seul le point de départ de ses symptômes.

Toutefois l'expérience montre qu'une pathologie lourde s'accompagne souvent d'un secret. La raison en est simple. Pour se structurer psychiquement, l'enfant doit avoir en lui l'image d'un père symbolique gratifiant, garant de la loi de l'interdit de l'inceste, par exemple. Idem pour la figure maternelle. Sa capacité de s'auto-materner, de s'auto-diriger, en dépend. Dans une famille à secret, ces figures sont défaillantes, et du coup l'enfant est moins bien armé pour faire face à des symptômes et éviter qu'ils évoluent.

Pour conclure, derrière des symptômes graves se cache généralement un secret de famille ; mais le symptôme n'est pas spécifique du secret. Il est lié à la psyché propre de l'enfant.

Peut-il y avoir, avec les secrets de famille, des phénomènes de répétition d'événements d'une génération à l'autre ?

S.T. : De nos jours, la répétition des secrets de famille n'existe pratiquement pas. Tout simplement parce que si, aujourd'hui, une femme a un enfant hors mariage à seize ans, comme sa mère, sa grand-mère ou son arrière-grand-mère, elle ne se trouvera pas dans la même situation sociale que ces aïeules, car la société a changé son regard sur ces événements. Notre jeune mère recevra des aides de l'État, des assistantes sociales s'occuperont d'elle, sa mère prendra peut-être l'enfant en charge... Et la situation ne sera pas dissimulée, n'engendrant pas de secret de famille comme cela aurait pu l'être jadis. Pour résumer, il peut y avoir une tendance à répéter certains comportements, mais leur importance sera relativisée et leurs conséquences totalement différentes, principalement en raison de l'évolution de la société et des mœurs.

Pourtant, les répétitions que vos patients vous décrivent s'avèrent exactes, non ?

S.T. : Certaines répétitions peuvent s'expliquer par les préoccupations d'un parent, qui finissent par se communiquer à un enfant. Par exemple, si une mère a été violée à dix ans, elle risque de craindre que la même chose arrive à sa fille au même âge. L'enfant le perçoit et peut avoir tendance à faire ce que le parent redoute. Mais il faut aussi se méfier de toutes les constructions de coïncidences qui sont faites a posteriori. Souvent des patients me confient leur sentiment de vivre des répétitions. Ils me disent par exemple : « Vous savez, je suis pris dans la répétition : mon premier enfant est mort à six mois ; or en parlant avec mes parents, j'ai découvert qu'eux-mêmes avaient vécu la même chose, tout comme mes grands-parents. » Je pourrais déclarer que cette famille est victime d'une névrose générationnelle. Au lieu de cela, j'encourage la communication familiale autour de ces événements. Eh bien, en règle générale, la personne finit par se rendre compte que ses parents, voire ses grands-parents, avaient menti sur la date réelle de la mort de leur enfant, pour aller dans le même sens qu'elle, pour la déculpabiliser. Pour moi, souvent, une personne qui se croit prise dans une répétition et qui cherche des informations se fabrique elle-même cette répétition. Sans compter que l'idée de répétition, même morbide, est très gratifiante pour les parents et les grands-parents : « J'ai un petit-fils qui répète ce que j'ai vécu. Qu'est-ce qu'il doit m'aimer ! » Donc, les grands-parents confirment, mais une enquête plus poussée peut infirmer ces croyances. Et chacun se sentira alors plus libre de mener sa propre vie sans cette menace au-dessus de sa tête.

Après vous avoir écouté, on se demande pourtant si, dans notre propre famille, il n'y aurait pas eu des secrets... Comment procéder pour essayer de lever le voile ?

S.T. : Il faut tout d'abord questionner. Mais sans malmener votre interlocuteur — en général un de vos parents. N'oublions pas que lorsqu'on commence à aborder un secret avec des aînés, on ne sait jamais s'ils ont eux-mêmes fabriqué ce secret ou s'ils ont été victimes. Il faut donc éviter de dire : « Tu m'as caché quelque chose ! » Au contraire, il est préférable de commencer par proposer : « J'ai l'impression que dans notre famille, un jour, quelqu'un a caché quelque chose. » Souvent, le parent répond : « Toi aussi, tu as eu cette impression ? Eh bien, moi aussi figure-toi ! » Il devient donc un complice pour chercher à y voir plus clair.

Autre raison pour ne pas malmener ses interlocuteurs : on ne sait jamais si le secret est dissimulé par principe ou s'il s'agit véritablement d'un événement grave et traumatisant, comme un inceste, par exemple. Essayer à tout prix de faire parler un parent, éventuellement victime lui-même, peut le faire s'effondrer. Abordez toujours ces thèmes avec beaucoup de précaution, vous ne savez pas où vous mettez vos pieds.

Un autre conseil ?

S.T. : Toujours s'intéresser à l'histoire sociale. Les secrets ont forcément deux portes d'entrée : la première du côté des comportements individuels, une autre du côté des comportements collectifs. Lorsqu'on s'intéresse au collectif, on s'aperçoit qu'à un moment donne, dans une région donnée, à une époque de l'histoire donnée, beaucoup de secrets tournaient autour des mêmes sujets. Par exemple, les jeunes filles placées dans des familles, nobles ou bourgeoises, dans la première moitié du XXe siècle, se sont bien souvent retrouvées enceintes du maître de maison, ou de son fils... Dans toutes les familles, cela fut une honte, qui a donné lieu à des myriades de secrets. Chaque famille cachait cet événement comme un événement privé, alors qu'il s'agissait d'un phénomène social de l'époque.

Et puis, dernier conseil, le plus important pour un psychanalyste : il est indispensable d'aborder la question des conséquences que les secrets ont eues sur vous. Cela ne vous sert à rien de comprendre que votre arrière-grand-mère a été violée par un Tzigane. Il est plus utile, pour vous, de comprendre pourquoi, à votre insu, vous avez développé un syndrome qui vous interdit de voir des films, d'écouter des musiques, de lire des livres relatifs au peuple tzigane. Bref, ce qui est intéressant dans les secrets de famille, ce n'est pas de comprendre l'événement « vrai » — encore une fois, on n'en a jamais une connaissance exacte, on n'est jamais certain de ce qui s'est passé —, mais de savoir à quel système relationnel perturbé on a été soumis étant enfant et comment ce système à créé chez nous certaines interdictions, certaines réticences à aborder certains problèmes, certaines attitudes relationnelles, etc.

En enquêtant sur le secret, on peut enfin tenir de la bouche de quelqu'un la confirmation que l'idée qu'on s'était faite était juste : « Oui, ta grand-mère ou ton arrière-grand-mère a bien été violée par un Tzigane. Non, ton grand-père n'est pas né de son géniteur officiel. Oui, tu as bien eu un demi-frère, que ton père t'a caché, d'un premier mariage. » À partir de cette confirmation, on peut, comme je le disais tout à l'heure, construire sur du solide. On a l'opportunité de repenser sa vie à la lumière de toutes les constructions mentales qu'on s'était faites, enfant, mais dont on n'avait jamais eu la confirmation. On se dira par exemple : « Si j'ai toujours tendance à me sentir coupable en réfléchissant au problème de la filiation, c'est à cause de cet événement-là ! » À ce moment-là, on peut commencer à se libérer de ses chaînes.

Vous savez, la connaissance des secrets de famille ne libère pas les gens de leur boulet ; elle leur permet juste de s'engager dans un processus thérapeutique avec beaucoup plus d'efficacité. Débuter une psychothérapie en ayant un secret de famille qui pèse sur soi, sans le connaître, c'est courir le risque de faire une longue analyse sans avancer autant qu'on le pourrait. Je pense que les gens qui ont perdu leur temps sur un divan pendant un grand nombre d'années étaient très souvent victimes de secrets de famille. De plus, ils n'ont jamais été aidés par leur thérapeute pour le découvrir, celui-ci ayant appris son métier avec une théorie psychanalytique selon laquelle les secrets n'existent pas.

Comme vous le savez peut-être, Freud avait grandi dans une famille à secrets et il avait pris soin de les écarter tout au long de sa théorie...

7.

Comment notre famille et nos ancêtres nous lèguent une *névrose de classe*

RENCONTRE AVEC VINCENT DE GAULEJAC

Professeur de psychosociologie à l'Université de Paris-VII et directeur du Laboratoire de changement social, Vincent de Gaulejac est reconnu pour ses recherches sur le « roman familial » et sur ce qu'il appelle la « lutte des places », mélange de revendications individuelles et de déterminismes collectifs, dont il suit avec subtilité les infiltrations à l'intérieur des inconscients, notamment par le biais de la transmission entre générations. Il pose ainsi son regard sur un puissant moteur de pathologies transgénérationnelles : la *double contrainte* constante où se mettent les humains des sociétés modernes, tiraillés entre leur besoin de loyauté socio-familiale et leur désir de promotion personnelle (pour eux-mêmes ou pour leurs descendants). « L'individu, dit Vincent de Gaulejac, est le *produit* d'une histoire dont il cherche à devenir le *sujet.* » C'est de cette tension-là, entre déterminisme et liberté, qu'il sera question, tout au long du septième et dernier entretien de ce livre — qui se clôt ainsi, non par le regard d'un psychothérapeute, mais par celui, légèrement distancié, d'un sociologue.

Une observation simple de la réalité la plus banale nous apprend que les destins individuels, même si chacun d'eux comprend effectivement une part d'irréductible singularité, ne sont pas indépendants du champ social dans lequel ils apparaissent et évoluent. L'appartenance sociale, le capital économique et symbolique de la famille, les transformations sociales des systèmes de valeur et des modes d'éducation, les conditions historiques de la naissance, tout cela n'est pas sans influer sur le devenir des individus, qu'il s'agisse de leur mode d'insertion sociale, de leur trajectoire scolaire ou même de leurs vies affectives et sexuelles. Pour nous limiter à l'exemple le plus plat : un fils de cadre supérieur a quatre-vingts fois plus de chances de devenir professeur de l'enseignement supérieur qu'un fils d'ouvrier — or nul n'ignore la place prépondérante qu'occupe dans notre vie la profession que nous exerçons.

Même si elle n'occupe pas forcément la place motrice que lui attribuent les marxistes, la lutte des classes est une réalité. Les travaux entrepris par Vincent de Gaulejac montrent combien le souvenir de la violence sociale passée est une « mémoire vive », qui perdure à travers les générations, quand bien même les rapports entre classes ne sont plus de même nature. L'une des fibres porteuses de cette persistance est le désir des parents que leurs enfants assument leur héritage et ne rejettent pas la tradition familiale — un peu comme si le but ultime de l'éducation était la reproduction de cette tradition. Or celle-ci s'inscrit forcément dans un certain contexte social.

Dans le même temps, cependant, tous les parents ont pour leurs enfants un projet de vie, que les psychosociologues appellent *projet parental* et qui peut notamment consister à « réussir », c'est-à-dire à connaître une promotion sociale. On voit ainsi se dessiner les contours d'une contradiction entre, d'une part, le souci de loyauté à la tradition familiale et donc à une certaine classe sociale, et, d'autre part, la soif de promotion et donc l'accès à une autre classe.

Replacée dans le contexte de la problématique transgénérationnelle, cette contradiction peut avoir des conséquences d'une gravité insoupçonnée, en particulier si l'échec d'une tentative de promotion se trouve occulté par la honte sociale et l'humiliation personnelle, prenant ainsi la forme d'un « non-dit » fantomatique qui peut aller jusqu'à ruiner le destin, notamment professionnel, de générations entières.

Pour évoquer ce genre de situation, Vincent de Gaulejac utilise la notion d'*impasse généalogique*, étroitement liée à celle du secret familial dont nous nous sommes entretenus avec Serge Tisseron : « Le secret mène à une *impasse généalogique* à partir du moment où un sujet se retrouve coincé entre des parties de lui-même identifiées inconsciemment à des ascendants, mais qu'il rejette car elles sont attachées à des sentiments négatifs ou à des situations détestables, avec en plus une loyauté familiale invisible qui empêche de s'en libérer. » Le sujet en question a-t-il une chance tout de même de se libérer ?

Au départ, qu'est-ce qui vous a poussé à travailler sur le « roman familial » et sur la trajectoire sociale ?

Vincent de Gaulejac : Ma particule ! Je m'appelle *de* Gaulejac. Imaginez tout ce qu'une particule véhicule sur votre situation — culturelle, politique, financière... — dans l'inconscient de votre entourage. C'est un bon départ, non ?

Avec l'explosion des pratiques transgénéalogiques, on assiste actuellement à un véritable engouement pour la quête des origines familiales. Comment un sociologue analyse-t-il cela ?

V.d.G. : Il semble que ce soit dû à deux phénomènes sociaux majeurs. D'une part, nous éprouvons le sentiment que la société est beaucoup moins figée. N'oublions pas que, jusqu'à une période récente, la mobilité sociale était faible et que si vos parents étaient paysans, vous aviez de fortes probabilités de le devenir vous-même. Pareil dans le milieu ouvrier, etc. Les notions de continuité et de transmission étaient inscrites dans la structure sociale. Aujourd'hui, les enfants suivent bien souvent une trajectoire sociale différente — en apparence — de la voie tracée par les anciens. Il n'est donc pas étonnant que chacun se pose la question du rapport avec son « identité héritée ».

Qu'appelez-vous exactement « identité héritée » ?

V.d.G. : Je développe l'idée que les crises identitaires se développent avec les décalages qui peuvent exister entre notre identité héritée, notre identité acquise et notre identité espérée. L'identité héritée, c'est notre origine sociale, la position de nos parents. L'identité acquise, c'est la place que nous occupons dans la société aujourd'hui. Et l'identité espérée, c'est la place que nous rêverions d'occuper. Des écarts importants entre ces trois identités engendrent des questions sur soi et sur ses origines. Le « qui suis-je ? » et le « où vais-je ? » ne sont pas de nouvelles interrogations. Seulement, elles se généralisent.

Quel est le second phénomène social qui expliquerait l'engouement de l'époque pour la généalogie ?

V.d.G. : C'est le développement de l'individualisme. Selon Richard Sennett, un de mes collègues sociologues, le « moi » de chaque individu est devenu son principal fardeau. Il ne s'agit pas tant de se situer dans une filiation pour faire comme ses parents, que d'être autonome. En fait, l'idéologie ambiante repose sur la notion de réalisation de soi : il s'agit de se construire et d'être responsable. Il faut « être soi » et pour cela, comprendre qui l'on est et d'où l'on vient.

Pour vous, que veut dire « être soi » ?

V.d.G. : J'avoue que je ne sais pas très bien... En revanche, les effets de cette interrogation sont manifestes : au-delà du désir d'introspection qui, lui, est ancien, celui de faire le point sur ses origines se répand. Le temps du « j'irai cracher sur vos tombes » est révolu : un certain nombre de personnes recherchent dans leur histoire familiale et leur généalogie une justification de ce qu'ils souhaitent devenir.

Votre approche de l'impact généalogique repose sur l'étude de ce que vous appelez le « roman familial » et de la trajectoire sociale. Pouvez-vous définir ces notions ?

V.d.G. : D'un point de vue théorique, le roman familial renvoie à une notion élaborée par Freud. Ce dernier avait remarqué que les enfants adoptés développaient un fantasme sur leurs origines. Ils imaginaient souvent être issus d'une famille prestigieuse, qui les aurait abandonnés pour telle ou telle raison. D'après Freud, ce fantasme permettait de corriger la réalité. On idéalise sa famille naturelle pour mieux supporter sa famille d'adoption. L'enfant se dit : « Peu importent les failles, puisque ce ne sont pas mes vrais parents ! Je ne suis donc en rien contraint d'inscrire ma destinée dans la leur. » En fait, comme son nom l'indique, le roman familial est une construction ou une reconstruction de l'histoire d'une famille.

Mais, vous savez, le roman familial est en vogue depuis longtemps, sous différentes formes. Par exemple celle des contes de fées, qui regorgent d'enfants à la recherche de leurs origines, la plupart du temps nobles. En définitive, ce roman familial retrace l'actualité de la famille... mais évidemment pas en toute neutralité ! C'est la version à la fois chic et polémique que tous les descendants patentés construisent autour de l'histoire de leur famille. Par des conversations animées autour d'une table de Noël ou d'anniversaire, ou par des confidences en catimini, la légende familiale donne aux enfants un mode d'emploi existentiel. On voit poindre par exemple des scénarios qui expliquent aux enfants pourquoi on est pauvre : « Avant, on était riches, et puis il y a eu des faillites ! » Le roman familial laisse entendre que tel oncle ou telle tante sont nés une cuillère en argent dans la bouche, et puis différents événements accidentels sont survenus. Le « roman familial » ne recouvre donc pas toujours la réalité de ce qui s'est passé, d'où le terme. Tout n'est pas transmissible, les secrets de famille pèsent leur poids. Mais de toute façon c'est un roman qui s'élabore avec le « dit » et avec le « non-dit ».

Vous parlez parfois de l'élaboration du roman familial comme d'une sorte de « rituel transgénérationnel ». De quelles façons se célèbre ce culte ?

V.d.G. : Dans chaque famille, vous remarquerez qu'il existe des lieux et des moments privilégiés pour faire le point, dévoiler les secrets de famille. J'ai toujours été frappé par les repas de famille... Que ce soit à Noël ou pour un anniversaire, même si les membres de la famille disent ne pas avoir envie de s'y rendre, ni de participer à cette grand-messe, malgré les simagrées qui l'accompagnent, pratiquement tout le monde y est présent quand même. De descendance réfractaire ou pas, chacun éprouve irrésistiblement le besoin de venir, pour prendre des nouvelles des uns et des autres, pour s'y montrer et, dans la foulée, sacrifier au rituel du transgénérationnel — et ainsi poursuivre le tissage du roman familial ! C'est là que la dimension du récit se mêle à la dimension inconsciente, toujours dans le but de le transmettre aux générations suivantes — ou de l'occulter. On se raconte ou on se tait, c'est selon. Pour illustrer cette grand-messe familiale, je vous renvoie au film *Festen*, du réalisateur danois Thomas Vinterberg (Prix du jury 1998 au Festival de Cannes), qui illustre bien ce rendez-vous familial et le poids des secrets qui y rôdent et, éventuellement, y explosent.

Revenons à une autre notion qui vous tient à cœur, celle de « trajectoire sociale ». Comment la définiriez-vous ?

V.d.G. : Les trajectoires des individus sont conditionnées par un certain nombre d'éléments qui tiennent en particulier à l'identité héritée, à la position sociale de leurs parents et de leurs grands-parents. Vous aurez beau dévorer des milliers de livres et faire preuve d'intelligence, si votre capital culturel est défaillant, vous ne ferez pas un bon client pour les émissions de Bernard Pivot !

Trajectoire sociale, plans de carrière, transgénéalogie... Pour prendre un exemple excentrique mais très significatif, comment interpréter le fait que la fille du célèbre boxeur Mohammed Ali, Leila Ali, ait vendu son beau salon de manucure new-yorkaise pour se lancer dans la boxe professionnelle féminine, décidant ainsi de suivre, contre toute attente, les traces de son père ?

V.d.G. : Si nous devions trouver un coupable, nous l'appellerions identité héritée. Il y a là une dimension sociologique importante pour comprendre quel est le soubassement des destinées individuelles, comment les gens sont plus ou moins préparés ou aspirent à occuper telle ou telle place dans la société. Certes, la mobilité sociale se développe... Mais pas n'importe comment. Autrefois, on prétendait qu'il fallait plusieurs générations de polytechniciens pour en faire un. Évidemment, certains peuvent brûler les étapes. On constate néanmoins que certains parcours professionnels sont déterminés. Prenons l'exemple des grandes écoles. En général, ce sont des enfants de familles dites aisées qui les préparent, grâce à ce que Bourdieu appelle leur « capital culturel ». En fait, ils incorporent des façons d'être qui les préparent à occuper telle ou telle place, voire à se marier avec telle ou telle personne. Le plus intéressant est de voir comment une personne se comporte face à ses déterminations sociales. Mais attention, bien que ces déterminations existent, elles ne s'appliquent pas de façon mécaniste. J'en tiens pour preuve que dans une même fratrie, quelle que soit l'origine sociale, chacun a bien une destinée différente de celle de ses frères et occupe une place différente dans la société. Mais d'où vient cette différence, comment se construit une personnalité entre ce qui vient du social, ce qui vient du familial et ce qui vient du personnel ? Pour moi, il existe un autre élément que le déterminisme social : le roman familial, dont il ne faut surtout pas négliger l'importance.

Quel rapport entre le roman familial et ce que vous appelez la « névrose de classe » ?

V.d.G. : La névrose de classe est une notion qui peut paraître ambiguë. Il ne s'agit pas de penser que chaque classe sociale produit un type de névrose particulière. Non. Mais je me suis rendu compte que certains patients avaient le sentiment que les conflits psychologiques qu'ils rencontraient étaient liés à leur parcours social, et en particulier à un changement de classe sociale. Ce changement était pour eux source de « névrose ». On doit le terme de névrose à Freud, qui a beaucoup insisté sur l'étiologie sexuelle. Pour lui, il fallait chercher l'explication des conflits dans les premières relations infantiles, entre le père et la mère. Pourtant, beaucoup de personnes qui avaient suivi une psychanalyse se montraient insatisfaites de ces explications. D'après moi, il peut y avoir une genèse sociale des conflits psychiques. C'est-à-dire que ceux-ci peuvent être liés à des phénomènes de changement de classe sociale, que ce soit en promotion ou en déclassement. Le conflit survient lorsqu'il existe un écart important entre l'origine sociale et ce que l'on devient, entre l'identité héritée et l'identité acquise.

Prenons l'exemple de quelqu'un qui a connu une promotion sociale. Ses parents étaient ouvriers, paysans, concierges, domestiques... Tout petit, l'enfant les a idéalisés, c'est le fondement du narcissisme, ce qui lui a donné le sentiment d'être le centre du monde. Plus tard, il a appris à comparer. S'il a vu dans le regard des autres ses parents humiliés, s'il les a vus dominés, son image idéalisée s'est effondrée. Lorsque cet homme, plus tard, devient cadre, il se trouve pris dans une contradiction forte car, inconsciemment, il prend la position de l'agresseur de ses parents. Et cette contradiction prend place au milieu du projet parental qui, par la promotion sociale, voulait justement lui éviter l'humiliation.

En fait, j'ai montré comment des situations sociales conflictuelles peuvent venir alimenter des conflits psychologiques et comment se noue l'articulation entre les enjeux sociaux et les enjeux psychiques dans le développement de ce que j'ai appelé la névrose de classe.

Je me souviens de l'exemple de François. Il était fils d'ouvrier. Je lui avais demandé de raconter son histoire de vie et de faire un dessin. En haut à gauche de la feuille, il a dessiné une classe d'école, avec une maîtresse désirant qu'il soit un bon élève. En bas à droite, il y avait un couple sortant d'une église et, en dessous, la légende : « Faire Polytechnique par beau-père interposé. » Au milieu, l'image d'un tronc écorché. Ensuite, il m'a raconté son histoire... Son père était donc ouvrier et lui expliquait régulièrement deux choses : d'un côté, que la population était globalement gouvernée par une bande de financiers qui exploitaient éhontément les ouvriers — et que les bourgeois étaient « tous de sacrés salauds d'exploiteurs » ; mais, de l'autre côté, qu'il ne voulait surtout pas que son fils connaisse sa vie de chien et qu'il fallait donc qu'il travaille bien à l'école, pour ne pas devenir ouvrier à son tour, mais qu'il réussisse pour prendre sa place parmi ces financiers incapables et immoraux...

On est en pleine injonction paradoxale, ou en plein « double bind », comme diraient Bateson et les psy de Palo Alto : l'enfant se trouve placé devant une alternative, dont chacun des choix le punit !

V.d.G. : Voilà, on dit à François : « Tous les bourgeois sont des salauds », et parallèlement : « Deviens bourgeois toi-même ! » Qu'est-ce que cela donne ? Eh bien, François devient bon élève, surtout en mathématiques, une matière qu'il n'aime pourtant pas. Il prépare polytechnique, rate le concours d'entrée, parce qu'il n'a pas les « facilités bourgeoises » qui lui auraient permis de réussir. Il passe alors un doctorat d'économie, s'inscrit au parti communiste, ce qui est logique dans sa trajectoire, puis déchire sa carte. Lorsque je le rencontre, il a déjà épousé une fille de polytechnicien, et ils habitent en HLM dans une banlieue communiste. Ses beaux-parents, de la grande bourgeoisie mais plutôt de gauche, ont un appartement dans le XVIe et un chalet à Megève. Et là, un conflit éclate... Sur l'insistance de ses beaux-parents, il finit par changer d'appartement et se retrouve dans le XVIe. Mais il vit cela très mal. Il a l'impression affreuse de trahir ses ancêtres, pris dans un « conflit de loyauté », écartelé entre sa trajectoire personnelle et son arbre généalogique.

La névrose de classe touche-t-elle tout le monde ?

V.d.G. : Le fait de fantasmer sur une autre origine sociale est plus courante dans certaines classes que d'autres. Il est vrai que les nantis et les satisfaits ont moins de raisons de le faire. Comme je vous le disais, le scénario le plus répandu dans le roman familial relate la quête d'une origine familiale prestigieuse. On imagine facilement que, parmi les ancêtres, se cache un aïeul au destin prestigieux ou un grand noble. Du point de vue psychanalytique, c'est une revalorisation narcissique simple à comprendre.

Apparemment, certains considèrent leur milieu de naissance comme minable, et l'idée que leurs ancêtres aient pu connaître une position sociale plus élevée leur ouvre des perspectives souvent libératoires.

La névrose de classe se répète-t-elle sur plusieurs générations ?

V.d.G. : Elle n'est pas directement le fruit de répétitions mais, effectivement, elle ne peut être comprise que si l'on met en perspective son histoire singulière avec l'histoire familiale sur plusieurs générations. Une première « quête généalogique de la honte », orientée autour de la trajectoire sociale, offre aux arrière-petits-enfants de la névrose de classe une clé vers leur histoire. C'est une étape pour porter au jour des conflits liés à des déplacements sociaux. La sensibilité aux écarts sociaux est d'autant plus vive que ceux-ci traversent la famille comme des écarts affectifs. Et c'est ce lien entre le social et l'affectif qui est un des éléments moteurs du conflit et de la névrose. Ce n'est jamais une répétition simple. Ce qui se répète de génération en génération, ce sont les contradictions non résolues par les parents ou les conflits non résolus. Mais ils ne se répètent pas de la même manière, parce qu'ils ne se retrouvent jamais exactement dans le même scénario : le contexte social change et le travail du sujet par rapport à son histoire fait que les choses évoluent. Sans doute faudrait-il expliquer pourquoi le père de François a mis son enfant dans une injonction aussi paradoxale. Il y a beaucoup d'enfants d'ouvriers qui ont été soumis à ce double message : « Sois solidaire avec les ouvriers, avec ta classe » et « On ne veut pas que tu connaisses notre vie difficile, essaye d'échapper à la condition d'ouvrier ». Mais, en même temps, la condition ouvrière a changé... On ne se retrouve jamais dans la répétition simple.

Un changement de classe sociale entraîne-t-il systématiquement une telle névrose ? Quelle est notre part de liberté ?

V.d.G. : Abandonnons l'idée d'une relation mécanique entre ce type de conflit et le fait de développer une névrose. La notion de névrose de classe n'est pas systématique. Dans la plupart des cas, ce sont des conflits — et tout problème de déclassement en crée — qui, s'ils ne sont pas résolus, vont entraîner une névrose. Pour évoquer une crise de succession notable, et récente, j'aimerais parler de mai 68. Paradoxalement, ce ne fut pas une révolution prolétarienne, mais une révolution des enfants des classes moyennes, de la bourgeoisie, qui réfutaient la société de consommation et ne souhaitaient pas reproduire les schémas de leurs parents. Beaucoup de ces enfants ont donc refusé de se situer en filiation, et ont essayé de trouver des issues, non pas pour redevenir ouvriers ou paysans comme leurs lointains ancêtres, mais pour gagner une autre qualité de vie. D'autres ont choisi la voie artistique, dans un souci de déclassement en termes de position sociale. À cette occasion, beaucoup d'enfants en crise de succession ont investi de nouvelles professions qui ne les classaient pas, *a priori*, dans une position de dominant. Ce désir de brouiller les cartes montre bien qu'il y a une part de liberté du sujet qui peut devenir autre chose que ce qu'il devrait être. Preuve encore que les déterminismes sociaux ne s'appliquent pas mécaniquement.

Venons-en aux secrets de famille. Dans votre approche, vous préférez parler d'occultation, plutôt que de secrets de famille. Pourquoi ?

V.d.G. : Le terme d'occultation définit le processus qui se met en place autour du secret, qui est à la fois individuel et collectif. Pour savoir comment il opère, il nous faut revenir à la source du secret. En définitive, qu'est-ce qu'un secret ? Un événement est survenu dans une famille, un acte a été commis et l'on ne souhaite pas le transmettre. Avec le temps, l'expression qui me paraît la plus pertinente pour parler du secret de famille est celle de « défaut de transmission ». Et tout le paradoxe est là : d'un côté on ne veut pas transmettre une histoire, de l'autre on transmet tout de même quelque chose : le silence et le désir d'occultation — en quelque sorte une forme inconsciente de loyauté. Le lien familial se tisse donc sur la méconnaissance et sur le respect inconscient du secret. Que quelqu'un s'avise de fouiner pour en savoir plus et mette des mots sur ce que l'on ne doit pas savoir, il aura toutes les chances d'être rejeté (et de tomber malade) car il remet en question un pacte familial implicite. La plupart du temps, le secret touche à l'inceste, à la folie, à des fautes impunies, à des crimes... bref à des choses graves.

Quelle incidence ce secret, transmis malgré lui, a-t-il sur la trajectoire sociale ?

V.d.G. : Au regard de la trajectoire sociale, il existe des petits et des grands secrets, qui contribuent à alimenter le roman familial, par exemple en faisant émerger l'incontournable « oncle d'Amérique », qui nous sauve de notre condition médiocre, puisqu'il peut surgir à tout moment pour assurer la bonne fortune. Sans compter qu'il offre inconsciemment une issue de secours à la condition de pauvreté : il est de ma famille et puisque lui a réussi, qu'est-ce qui m'empêche d'en faire autant si je le désire ? Tout aussi classique, mais beaucoup moins « glamour », le secret de famille autour d'un enfant illégitime peut peser sur le destin d'une famille. Ce vieux fantasme de vouloir redorer son blason en se prétendant descendant d'aristocrate n'est pas si vieux, celui des enfants cachés de présidents ou de vedettes encore moins. L'ambivalence qui accompagne ce secret est forte. Derrière se dissimule un véritable ressentiment, de la honte, un désir de vengeance, quand ce n'est pas de la haine de classe inavouée. Cela peut traverser des familles sur plusieurs générations.

En même temps, le fait de reconnaître cette filiation permet de se construire sur le désir de retrouver une position perdue.

Le secret influence à son insu les choix que l'on fait

dans sa propre existence. Deux des aventures de Tintin, *Le Secret de la Licorne* et *Le Trésor de Rackham le Rouge*, qui racontent l'histoire du capitaine Haddock devenant propriétaire du château de Moulinsart, en fournissent un parfait exemple. Inconsciemment, le Capitaine se retrouve dans la position de son ancêtre, le chevalier François de Hadoque, qui était noble.

Selon la nature du secret, son action peut également se porter sur les choix amoureux. C'est ainsi que certains épousent une aristocrate, ou l'équivalent. Ce n'est pas par hasard s'ils ont eu un coup de foudre l'un pour l'autre. Le choix de l'élu peut s'être fait en écho à un désir de l'ordre transgénérationnel. En apparence, il s'agit bien d'une histoire d'amour, en réalité les deux partenaires étaient travaillés depuis longtemps par quelque chose qui venait de leurs familles respectives. En décodant ces signes, un grand nombre d'individus pourraient ainsi à terme retrouver le « secret » de leurs ancêtres.

Tout ceci ne fait, une fois de plus, qu'affirmer le rôle prééminent de l'inconscient.

V.d.G. : Oui, mais il ne s'agit pas de l'inconscient au sens freudien du terme. Cet « inconscient familial » ne fait pas l'objet de refoulements, comme une pulsion interdite que l'on se refuse d'assouvir. Une fois débusqué, ce conditionnement peut devenir inopérant. Non que l'histoire familiale change — on ne change pas le passé —, mais la façon dont cette histoire agit sur nous se modifie.

Dans tous les cas, le secret finit par se manifester dans un certain nombre d'actes des générations suivantes. J'en donne un exemple dans *Les Sources de la honte*[1]. Une femme affirme : « Je préférerais être la fille de rien ni de personne, plutôt que celle de ces parents-là ! » Et elle développe tout un discours de type névrose de classe : « Mes parents sont incultes, pauvres, je n'ai pas envie d'être leur fille. » Pourtant, elle est réellement leur fille. Au fur et à mesure de la thérapie, le secret émerge : il fait référence aux activités criminelles du père de cette femme pendant la guerre. Or, après avoir subi les non-dits et les silences de ses parents, elle va en fabriquer elle-même pour ses enfants, avec le désir de les dégager de cette filiation et de l'histoire de son père qu'elle porte en elle. Mais, ce faisant, elle transmet le non-dit quand même. Vous voyez, le secret se perpétue ainsi sous des formes diverses... en faisant toujours des dégâts. Quand il y a défaut de transmission, c'est parce qu'il y a ce que j'appelle une « impasse généalogique » : « Je ne veux pas être ce que je suis. » C'est le rejet d'une filiation. Les enfants de nazis — ou de juifs déportés ! — se sont souvent retrouvés dans de telles impasses généalogiques. Je me souviens du cas de Rudolph, qui est devenu homosexuel parce qu'il ne voulait pas transmettre « cette race-là », parce qu'il désirait que sa « race » meure avec lui. Il y en a d'autres qui se suicident, toujours pour cette même raison : ne pas transmettre.

Derrière l'impasse généalogique, il y a toujours une contradiction. Si vos parents vous demandent d'assurer la relève, en reprenant par exemple leur succession à la tête de la ferme, ou du magasin, ou de l'entreprise, cela peut aller à l'encontre de votre volonté d'exister et créer

1. Éd. Desclée de Brouwer.

une impasse. Pour satisfaire à la demande parentale, vous allez vous aliéner, vous assujettir au désir de l'autre. Et si vous avez vu vos parents souffrir de ce qu'ils étaient, il est évident que vous allez nager en pleine contradiction ! La situation débouche sur une véritable impasse généalogique lorsque le système se ferme sur lui-même et prend la forme d'une injonction paradoxale. Le psychanalyste Serge Leclaire pense que, dans ce cas, le suicide est une erreur d'objet. C'est-à-dire qu'en voulant supprimer l'enfant qui est en vous, l'objet de la projection du désir de vos parents, vous vous tuez vous-même.

De quelle façon le projet parental s'inscrit-il dans l'arbre généalogique lui-même ?

V.d.G. : En règle générale, l'éclairage est intéressant quand on remonte trois ou quatre générations. Le projet parental est déjà fortement inscrit dans le projet des grands-parents. Quel projet les parents ont-ils pour leurs enfants ? La plupart du temps, il est explicite : devenir avocat, reprendre la ferme, poursuivre des études, etc. Mais il y a aussi toute une partie implicite qui joue sur des identifications entre parents et enfants, au niveau du désir inconscient. Par exemple, une mère qui a souffert d'être femme au foyer peut transmettre un message contradictoire. Explicitement, elle dira à sa fille d'être une femme bien élevée, qui sait recevoir, s'occuper de ses enfants, etc. Bref, elle lui communiquera un modèle traditionnel, tout en ayant le désir secret qu'elle fasse autre chose. Mais si la fille réalise ce projet de femme au foyer, inconsciemment la mère la condamnera. En réalité, il y a beaucoup d'ambivalence entre les parents et les enfants. On dit souvent que les parents ne souhaitent que la réussite de leurs enfants... mais en même temps, ils vivent très mal que leurs rejetons fassent mieux qu'eux. Cela peut réveiller chez eux de vieilles rancœurs et d'anciennes haines, parce qu'ils n'ont pas pu réaliser leurs propres désirs. Donc, lorsque l'enfant le réalise, ils peuvent à la fois se sentir fiers et envieux.

Mais le projet parental est issu de deux parents ayant chacun une lignée différente... Une lignée prend-elle forcément le pas sur l'autre ?

V.d.G. : Lorsqu'on analyse le projet parental, on distingue bien le projet maternel du projet paternel. Les deux peuvent être en concurrence, en étayage réciproque, ou en contradiction. Quand il y a conflit au sein du couple, avec des injonctions très fortes du type : « Ne deviens pas comme ta mère », on voit apparaître des liens avec ce que la psychanalyse nous permet d'apprendre sur la complexité des enjeux œdipiens et des identifications conscientes et inconscientes entre parents et enfants. Ce que j'apporte par rapport à la psychanalyse, ce sont les enjeux sociaux, c'est-à-dire : faire des études ou non, occuper tel ou tel emploi, épouser quelqu'un de tel milieu social, etc. Les enfants héritent des contradictions non résolues par leurs parents.

Pour vous donner un exemple, j'ai vu beaucoup de filles en conflit avec leurs parents, qu'elles trouvaient racistes, tomber amoureuses d'hommes africains ou arabes, sans savoir que c'était surtout un moyen de mettre leurs parents face à leurs contradictions. Le projet parental n'a rien de mécanique. L'enfant ne devient pas ce que les parents veulent qu'il soit. En revanche, dans la façon dont l'enfant vit son devenir, les contradictions qu'il a vues à l'intérieur du couple parental et dans ses propres rapports avec ses parents permettent de comprendre certains aspects des choix qu'il fait, que ce soit d'ordre amoureux, professionnel, idéologique ou culturel.

Pensez-vous vraiment que nos choix amoureux soient dictés par des lois transgénérationnelles ?

V.d.G. : Nos choix amoureux sont à la fois affectifs, sexuels et sociaux. Si le cœur a ses raisons que la raison méconnaît, il ignore rarement la raison sociale de celui ou de celle pour lequel il bat. Et là, les scénarios sont multiples. Les trajectoires peuvent être ascendantes ou descendantes, bien évidemment. Chacun peut jouer pour l'autre le rôle d'aspirateur social, mais il suffit que notre couple stagne et l'on va reprocher au partenaire de le freiner dans notre évolution. C'est très intéressant de comprendre en quoi les enjeux affectifs sont liés aux enjeux sociaux. Un mariage, c'est terrible quand il y a des différences de classes. Mais les combinaisons possibles sont multiples. Une famille, c'est toujours deux lignées dérivant de quatre lignées. Et puis la famille n'est pas stable. À chaque génération, quelque chose se *reproduit*, donc se transforme. C'est l'enfant qui crée la famille, pas le couple. Il est le trait d'union entre les parents, le résultat des alliances entre le père et la mère et aussi entre deux familles. Il y a donc un enjeu généalogique qui traverse l'histoire du couple et celle des enfants. L'héritage que vous recevez à votre naissance va laisser des traces importantes sur la façon de construire votre propre identité et sur votre devenir social.

La honte et la haine peuvent-elles aussi être transmises en héritage ?

V.d.G. : Bien entendu. Si les parents ont intériorisé le sentiment de honte lié à des humiliations et qu'ils n'ont pas su s'en dégager, l'enfant en sera marqué. Mais en aucun cas il ne sera *condamné* à répéter ou à reproduire. Pour Jean-Paul Sartre, la honte naît sous le regard d'autrui. Il prend l'exemple de Jean Genet qui, abandonné, a été placé dans une famille. On lui a dit : « Tu seras un voleur »... et il devient un voleur. Et en même temps, il va faire un travail phénoménal pour se dégager de ce déterminisme, par la créativité, l'écriture, la poésie. Il va écrire pour dénoncer les normes sociales qui engendrent la honte. Beaucoup d'enfants construisent leur destinée sur la revanche. Enfants de parents humiliés, ou pauvres, ils décident qu'ils ne le seront plus jamais. Si vous prenez l'exemple de Bernard Tapie, c'est l'ambition comme revers de la honte.

La honte se transmet-elle comme un secret de famille ?

V.d.G. : La honte est indissociable du secret de famille. Il est intéressant de voir le rapport entre la honte de soi liée à des événements personnels et la honte familiale. Souvent, quand il y a secret, il y a honte. C'est tout à fait fascinant d'en découvrir la démonstration dans notre propre histoire familiale, que l'on ne connaît pas et surtout que l'on sait ne pas connaître ! On s'aperçoit que les descendants n'ont de cesse d'essayer, par fidélité ou par loyauté, tout à la fois de maintenir le secret mais aussi de le dévoiler pour s'en dégager, ou plutôt pour se dégager de la charge affective qui est souvent liée à la honte.

Et donc à la culpabilité.

V.d.G. : Effectivement, quoiqu'il puisse y avoir honte sans culpabilité. Mais cela ne fonctionne pas sur les mêmes registres psychiques. La culpabilité est liée à quelque chose d'interdit que l'on a *fait*. La honte, elle, est plutôt liée à ce que l'on *est*. Elle n'est pas du registre de la faute mais beaucoup plus du registre du narcissisme, de l'idéal du moi. Les psychanalystes ont du mal à comprendre cette dimension de la honte née sous le regard d'autrui. Il y a quelque chose d'éminemment social dans la honte. On voit par exemple émerger des doléances par rapport à la pauvreté et à l'exclusion, des demandes de considération, de respect, de dignité, et qui renvoient à la honte. Je pense aux chômeurs de longue durée, par exemple. Le plus difficile à supporter, ce n'est pas tant la misère que la honte et le regard de l'autre. Je pense aussi à ceux qui font la manche dans le métro. On constate que ces personnes sont beaucoup moins pauvres que les deux tiers de l'humanité, mais dans nos sociétés celui qui se trouve dans cette situation est considéré comme un perdant, quelqu'un qui a raté sa vie. Si l'on s'intéresse à cette question-là, c'est qu'on voit émerger la honte comme un phénomène qui, il y a encore quelques années, n'apparaissait pas aussi important.

Bibliographie

DES THÉRAPEUTES INTERVIEWÉS DANS CE LIVRE

Ancelin Schützenberger Anne, *Aïe, mes aïeux !*, éd. Desclée de Brouwer.

Dumas Didier, *La Bible et ses fantômes* et *Et l'enfant créa le père*, éd. Desclée de Brouwer.

Gaulejac Vincent de, *L'histoire en héritage* et *Les Sources de la honte*, éd. Desclée de Brouwer, et *La Névrose de classe*, éd. Hommes et Groupes.

Hellinger Bert et ten Hövel Gabriele, *Constellations Familiales*, éd. Souffle d'Or.

Jodorowsky Alexandro, *La Danse de la réalité* (autobiographie), éd. Albin Michel, et *L'Arbre du Dieu pendu* (roman), éd. Métaillé.

Rialland Chantal, *Cette famille qui vit en nous*, éd. Marabout.

Tisseron Serge, *Secrets de famille, mode d'emploi*, éd. Marabout, et *Vos secrets de famille*, éd. Ramsay.

NOTES DE LECTURE SUR D'AUTRES AUTEURS

La Psychogénéalogie — Voyage au cœur du roman familial, Lisa Horowitz, éd. Dervy.

L'originalité du travail de Lisa Horowitz — une psychothérapeute jungienne, qui a travaillé sur des milliers de généalogies depuis vingt ans — est qu'elle nous guide avec sûreté à travers le taillis touffu des branches ancestrales. Certains arbres généalogiques placent les ancêtres au sommet de la feuille, d'autres les préfèrent à sa base : « C'est plus logique de se placer en haut de l'arbre généalogique, car il doit nous soutenir », explique Élisabeth Horowitz. Mais le plus important est d'y inscrire tous les grands événements de la vie de nos ancêtres : mariages, naissances, séparations, maladies graves, lieux de résidence, déménagements, accidents, etc. On commence ce travail de mémoire en interrogeant les membres de sa famille, puis on complète les informations en utilisant les méthodes d'investigation habituelles de la généalogie — recherches dans les registres des mairies, enquêtes dans les régions d'origine, etc.

Comment paie-t-on les fautes de ses ancêtres, Nina Canault, éd. Desclée de Brouwer.

Comme le dit Anne Ancelin Schützenberger dans sa préface à cette passionnante enquête auprès des explorateurs du transgénérationnel : « Ce qui n'a pu se mettre en larmes et en mots s'exprime ensuite par des maux », et ceci non seulement dans la vie de la personne qui vit l'initiale impossibilité de dire, mais aussi, plus souvent qu'on ne le croit, dans celle de ses descendants. Des écrivains comme Isaac Bashevis Singer, ou des psychanalystes comme Nicolas Abraham appellent ces non-dits transgénérationnels des « fantômes ». Ces fantômes-là peuvent nous rendre malades à la folie, ou à mourir ! Mais nous transportons aussi en nous, heureusement, tous nos ancêtres qui ont su parler. Et leurs mises en mots peuvent, pour certains auteurs, prendre le nom d'« ange ». Un travail de recherche fouillé et pourtant facile à lire, où l'on retrouve notamment Françoise Dolto, maître à penser du psychanalyste Didier Dumas, principal personnage et véritable guide de ce livre de qualité.

À la recherche de vos ancêtres, Christophe Dubourguey, éd. Flammarion

Si vous désirez constituer votre arbre généalogique, même à partir de zéro et même si, au départ, vous n'y connaissez rien, ce livre est fait pour vous. Dans ce livre rédigé par un historien, nulle psychologie, mais des renseignements fort utiles, qui décrivent toute la démarche de celui qui part en quête de ses origines. Des conseils d'ordre général — suggérant par exemple certaines fouilles des papiers ou des albums de photos familiaux. Toutes sortes de précisions administratives, concernant notamment l'évolution des nomenclatures de l'état civil français, de l'Église, de l'armée. Et puis un CD-Rom (pour PC) et de précieux conseils sur la façon d'utiliser Internet... où vos ancêtres se cachent peut-être, dans des sites dont vous n'auriez pas idée ! Le tout est rédigé de manière souvent drôle, l'auteur n'hésitant pas à glisser de temps à autre une plaisanterie sur les maîtresses d'un roi, ou une devinette sur le nombre de cousins qui nous séparent les uns des autres.

À SIGNALER AUSSI

J'ai mal à ma mère, Michel Lemay, éd. Fleurus.

Constellations Familiales : guérir le transgénérationnel, Constanze Poteshka-Lang, éd. Le Souffle d'Or.

Je réinvente ma vie, Young J.E., Klosko J.S., éd. de l'Homme.

Tirer profit de son passé familial, Earnie Larsen, éd. Sciences et Culture.

Retrouver l'enfant en soi, John Bradshaw, éd. Le Jour.

Les Racines familiales de la « mal-a-dit », Gérard Athias, éd. personnelle.

À l'aide, il y a un secret dans le placard ! Claude Nachin, éd. Fleurus.

Transmissions de la vie psychique entre générations, René Kaës, Haydée Faimberg et M. Enriquez, éd. Dunod

Les Liens qui libèrent, Gunthard Weber, éd. Grancher.

QUELQUES CONTACTS

Pour toute information sur les stages et les séminaires de formation d'Anne Ancelin Schützenberger, vous pouvez contacter celle-ci à l'adresse suivante :

14, avenue Paul Appell, 75014 Paris
— Tél. 01 45 40 92 90 — Fax. 01 45 40 56 71,
Email : secretariat.aas@wanadoo.fr

Académie Hellinger :
44b, chemin des Hauts-Graviers, 91370 Verrières-le-Buisson,
Tél./Fax : 01 60 13 37 64,
— site : www.academiehellinger.net.

Le jardin d'Idées, fondé et animé par Didier Dumas :
49, rue Pierre-Marcel, 94250 Gentilly,
— Tél./Fax : 01 45 47 51 19,
— E-mail : lejardindidees@ifrance.com

Site web de Chantal Rialland : www.psychogenealogie.info

Cycle Roman Familial et Trajectoire sociale, séminaires organisés par Vincent de Gaulejac, renseignements :
Université Paris VII, Département de formation permanente, UFR Sciences Humaines Cliniques,
13, rue de Santeuil, 75005 Paris.

Un autre site web : www.psychogenealogie.com

Antecessor, une association de Metz, propose une approche d'analyse psychogénéalogique en séances individuelles et en groupes.
19, place de Chambre, 57000 Metz,
— Tél. : 03 87 36 92 89 — Tél. portable : 06 07 33 69 89,
— E-mail : francoisjacquemot@compuserve.com

Association de recherche sur les Branches et les Racines de l'Être (A.R.B.R.E.),
43, rue des Francs-Bourgeois, 75004 Paris,
— Tél. : 01 40 29 40 44,
— E-mail : dabedan@wanadoo.fr

Table

Avant-propos : L'irrésistible essor de la psychogénéalogie 7

1. *Anne Ancelin Schützenberger* : Empreintes de nos ancêtres : recherches en psychogénéalogie clinique 13
2. *Alexandro Jodorowsky* : Votre famille est un arbre magique à l'intérieur de vous 35
3. *Bert Hellinger* : Les constellations familiales ou le contact d'âme à âme 55
4. *Didier Dumas* : Fantômes et anges au pays des ancêtres 83
5. *Chantal Rialland* : Votre famille vit à l'intérieur de vous... mais vous pouvez la choisir ! 119
6. *Serge Tisseron* : Se libérer des secrets de famille : une condition préalable à toute psychothérapie 147
7. *Vincent de Gaulejac* : Comment notre famille et nos ancêtres nous lèguent une *névrose de classe* 171

Bibliographie 193

DANS LA MÊME COLLECTION

L'Avenir de l'esprit
Thierry Gaudin/entretiens avec F. L'Yvonnet

Enquête sur la réincarnation
Ouvrage collectif

Quelle langue parlaient nos ancêtres préhistoriques ?
Marcel Locquin et Vahé Zartarian

La composition de cet ouvrage
a été réalisée par Nord Compo
à Villeneuve-d'Ascq,
l'impression et le brochage ont été effectués
sur presse Cameron dans les ateliers
de **Bussière Camedan Imprimeries**
à Saint-Amand-Montrond (Cher),
pour le compte des Éditions Albin Michel.

Achevé d'imprimer en décembre 2002.
N° d'édition : 21389. N° d'impression : 025572/4.
Dépôt légal : novembre 2002.
Imprimé en France